曲苑杂谭

南市艺谈旧闻录

王文玉◎著

天津社会科学院出版社

图书在版编目（CIP）数据

曲苑杂谭 ： 南市艺谈旧闻录 / 王文玉著. -- 天津 ： 天津社会科学院出版社， 2022.7
ISBN 978-7-5563-0799-9

Ⅰ. ①曲… Ⅱ. ①王… Ⅲ. ①天津一地方史 Ⅳ. ① K292.1

中国版本图书馆 CIP 数据核字(2022)第 024432 号

曲苑杂谭 ： 南市艺谈旧闻录
QUYUAN ZATAN : NANSHI YITAN JIUWENLU

出版发行：天津社会科学院出版社
地　　址：天津市南开区迎水道 7 号
邮　　编：300191
电话/传真：（022）23360165（总编室）
（022）23075303（发行科）
网　　址：www.tass-tj.org.cn
印　　刷：高教社（天津）印务有限公司

开　　本：787×1092　毫米　1/16
印　　张：14.25
字　　数：150 千字
版　　次：2022 年 7 月第 1 版　2022 年 7 月第 1 次印刷
定　　价：69.00 元

艺情心悟
——《曲苑杂谭:南市艺谈旧闻录》序

师兄王文玉是我们相声界公认的秀才,1960年他以大学文化从事相声和评书,在当时属凤毛麟角之艺人。今天他所撰写的《曲苑杂谭:南市艺谈旧闻录》,是继其《劝业场史话》《梨园骄子谭富英》之后的又一部长篇。前两部书是在给我同门师哥刘文亨"捧哏"和在北方曲校任长篇书专业主任时完成的,这部书是在其晚年伏案写下无数杂文、散记、长篇,既为魏文华、田立禾"捧哏"的同时,又献给我们的一部力作。

该书的意义:对我们如何历史、全面地看待南市,提供了崭新视角和观点;对南市在津门文化发展中的地位、作用做了翔实、难得的挖掘和珍贵的论述;对文化名人如何在南市立足、唱红,搜集了大量鲜为人知的趣闻艺事,是探索京评梆曲等艺术家成长历程的教科书。这部书,与其说是一部叙事性的长篇,不如说是研究南市历史价值、津门文化的理论突破,是回忆昨天启迪今后的经验之谈;是填补"戏曲之乡""曲艺之乡"艺术理论空白的又一成果。

我认为该书具有如下贡献：

一、正本清源

南市承载着天津诸多的历史和文化，想认识天津吗？您不了解南市、走进南市不行。但是，南市又是一个最不易了解、最难以走进的地方。他的历史时间并不长，相对于我们北边的蓟州渔阳古镇，东边唐代军粮转运之地的军粮城来说，它就像一个婴儿在两位耄耋老人面前呱呱坠地。南市，即便是与有着六百余年阅历的老城厢相比，也无法同日而语。但在天津，再没有一片土地像南市这样繁复庞杂，也再没有一片土地如南市这样五色杂陈。其历史文化的复杂性是老天津任何一片土地所无法匹敌的，从1900年到1949年，在半个世纪的时间里，南市确实充斥着赌毒娼盗黑及坑蒙拐骗，但我绝不赞成一些文人墨客将南市说成“天津黑暗的极端”“劳苦百姓的人间地狱”。写这些评论的人，可以说是百分之百地没去过“南市”，或是道听途说揣测捏造。不可否认，确有一些文人墨客在闲情逸致或在妓院寻花问柳时，写过一些诋毁的文章，再被现代文人一通润色便给南市进行了“一片黑暗”的盖棺定论。我认为，这些理论，是靠不住的。之所以靠不住，是因为他们将华安大街上的翠柏村妓院和清和大街明娼、暗娼以及庆善大街上那些烟馆、白面馆、小押铺概括为整个南市。这种以偏概全，忽略了南市还是新文明、新文化的孕育之地。在南市，不少进步人士和共产党人曾在这里创办进步报刊，热情宣传马克思主义。李大钊、周恩来、邓颖超等，都在这里留下了他们早年革命的足迹;同时,它还是许多戏曲艺术门类的发祥和衍生之地,话剧、京剧、评剧、河北梆子、相声、杂技、评书、大鼓等艺术的发展,南市功不可没。文玉先生的这部书,就为我们提供了鲜活的例证——“侯宝林的发祥地:南市燕乐”“马连良南市听戏的启示”白云鹏、常宝堃、赵佩茹、马轸华等名家都是从南市红遍全国的。从这个角度讲,南市是穷人的乐园,是底层老百姓聊以消遣换取乐趣的地方。在南市,从事各种活动的人们都是些纯朴、正直的人,他们是凭自己的技能换取温饱的老百姓,用他们自己的话说,老百姓是我们的衣食父母。常去南市和“三不管”的人,都知道在那看耍把式、摔跤、卖艺,从未发生过拿功夫来威胁观众的事。黑暗与进步同生,污垢与明媚共舞,南市历史文化的复杂性是老天津的一个缩影,忆旧才能恢复历史的原貌,才能正本清源。

二、为史存照

南市,当初有各种戏院、书场、茶楼、落子馆近百家,著名的有庆云戏院(后改为共和戏院)、燕乐戏院(后改为红旗戏院)、中华茶园、大舞台、上权仙、玉壶春、聚华、升平……数不胜数。在这里诞生了被誉为全国第一个相声大本营的相声园子——连兴书场;在这里出现了第一个将相声从“撂地”请进园子的“燕乐升平”(后改为燕乐戏院),在这里京、评、梆、曲、杂、话诸多名角首次登台天津,在这里诞生了与北京“天桥”比肩的“三不管”。艺术情结、民族情愫是民族文化的根,曲艺之乡、戏曲之乡是津门的金字招牌,是艺人的心血铸造成的民族骄傲。文玉先生的这部书,具有这样的情结和民族的自尊心。旧南市一去不复返,但《曲苑杂谭:南市艺谈旧闻录》问世了。不论现在,还是在以后,当我们要了解老南市的历史及名人趣事,我们可以从这本书中得到一定的满足。从某种意义上说,这本书是永不消失的“老南市”。

三、怀念先贤

《曲苑杂谭:南市艺谈旧闻录》写法独特、文笔流畅,具有知识的真切性和故事的趣味性。同时,更重要的是通过姜存瑞的尊师重道、常宝堃、赵佩茹的角色互换、张寿臣对艺术的精益求精等故事弘扬了中华民族传统美德。艺无德而不立,我们的民族艺术所以能够经久不衰地发展繁荣,主要是靠我们几千年赖以生存的中华民族传统美德进行维系。而体现在这些先贤身上的美德无论是过去还是现在,都是我们应该弘扬和继承的;另外,我们先贤所创造的,不仅是令人怀念的雄厚的实力、功力和影响,还有它留给我们民族和这座城市的历史和精神,这是最具个性的珍贵的无形遗产。阅读这部书似乎在告诫我们,不仅要怀念先贤,还要弄清楚怎样去爱惜他们留给我们的遗产,坚守他们的气质——刚正不阿、出污泥而不染的民族气节及对艺术勇于攀登的精神。超越他们的历史局限,将未来的艺术火炬点燃在深厚的历史文脉上,而不是在全球化和一体化中迷失自我,让我们的民族艺术以新的形象屹立在世界民族之巅峰。

是为序。

孙福海

丁酉年冬

目　录

第一编
评书、相声演员和南市

第二编
老南市的艺坛往事

第三编
南市地区的另一面

第四编
评书大师陈士和

第五编
南市行业面面观

第一编
评书、相声演员和南市

南市，百余年来是天津最繁华热闹的地界。我自少年时就和家人经常在南市听戏看曲艺，后来我又投身曲艺界，在南市许多剧场都演出过。我经历过和听闻过有关南市地区的人和事，如今我已年逾八旬，退休二十多年，尤其是这些年更是饱食终日无所用心，于是断断续续写了些有关南市艺坛的回忆录。最早我说过几天评书，后来在师友的帮衬下又说过几天相声，咱呢，就从评书、相声演员在南市一些逸闻说起。

侯宝林相声的发祥地：南市“燕乐”

侯宝林先生生前曾对我说：“从某种意义上说，我应该是天津演员。”他进一步解释：“没有天津这块风水宝地，没有天津那些爱听——不只是爱听，还懂，我说的是真懂曲艺的行家，对我的栽培和追捧，就没有我的今天。”侯先生有其自身的天赋条件和进取之心，这是人所共知的，但是他上面的这段话也有相当的道理。过去吃“张口儿饭的”太不容易了，当年的各剧种、曲种的艺人何止千万，但是能被人们记住且能彪炳文化史册的又有多少人？其实当年的那些演员中有不少是真有实才、艺术高尚者，但终究都是辉煌一时，后来竟至湮没无闻，这也是不可否认的事实。

从相声而论，百年来也曾出现了不少好演员，却大多被后人遗忘了，更不必谈一般演员了。

侯宝林，人们不会忘记，但他早年也是一名普通的演员，他的发迹，始自天津，更具体地说是发迹于天津南市。

侯先生初到津门，笔者知之较详，因为请侯先生来津者之一的周恩玉老先生亲口和我谈过此事。周恩玉，是天津电影周的第二代传人，原为上权仙影院经理，影院地址在今南市食品街东门对过，1949 年后改名淮海影院。在 1940 年左右，周恩玉到北京联系影片业务，不想在京和燕乐戏院与经理李恩普相遇，燕乐的股东为于家锡，领东者为李恩普，即经理。在这里，有必要把燕乐剧场做一简介，因为它是当年南市最具影响力的曲艺场所。它的肇建始因是为鼓王刘宝全提供一个演出场地，也就是说这个园子，当年是为刘宝全盖的，在 1920 年左右落成。剧场的创建者和经营者是刘宝全和孙少山，而孙少山是我的师叔王树田的姑父，王树田是相声艺人，早年在天津从艺，七七事变后到了济南，之后一直在南方演出，其嗓音奇佳，摹唱"四大名旦"几能乱真。王树田住家在河北关上郭家水库胡同 23 号，而刘宝全住在 26 号，是近邻。燕乐剧场落成后又专门盖了些职工宿舍，刘王二家同时搬入燕乐宿舍，又过了些年刘家才移住北京，但演出仍在天津，只是偶尔在北京演出一段时间。到 20 世纪 40 年代，燕乐的当家人已是于家锡和李恩普了。因周老当年为天津影剧业公会负责人之一，故对天津各影剧院负责人十分熟稔，便问及李来京之意。原来燕乐当时正演曲艺（该院自 1920 年左右建成后，基本以演曲艺为主，间或上演话剧、评戏等，此院和泰康商场的小梨园、天祥商场的大观园均为天津上演曲艺的主要场地），白云鹏的京韵大鼓"攒底"，"倒二"为戴少甫、于俊波的相声，戴为张寿臣弟子，于为张寿臣师弟，戴多在北京作艺。此次到津，很受天津观众青睐，只是中前场还少一场相声，整场节目说的成分少了一些，多多少少对业务有些影响，故李恩普打算到北京物色一场相声以充实节目。而彼时周老已经办完事打算回津，李言：“不如再待两天，你跟我一块儿邀这场‘活儿’。”于是李、周在北京各相声场子转了转，转到天桥相声场子时恰好碰到侯宝林演出。李恩普觉得这位青年演员台风潇洒，语调脆亮甜美，学唱逼真，特别是“抖包袱”时没有当时很难避免的一些低级语言，可以说是俗不伤雅。他觉得这位演员相当不错，便问周老感觉如何。周老的想法和李基本一致，认为此人表演语言干净，没有什么“脏口”，很好。待等演出结束后，李、周来到侯的跟前，请他借一步说话。于是李始知该演员叫侯宝林，李也把自己的身份告诉了侯，随即问道：“能否到天津燕乐戏院演出？”侯当时几乎没有什么犹豫，爽快答道：“可以。”

侯先生为什么如此爽快地答应了这件事？当然有原因。因为他深知天津是北方曲艺大码头，当时享誉全国的北方曲艺名家几乎没有一个不是从天津“立蔓成名”而红遍大江南北的。对相声来说，北京是发源地，天津却是发祥地，这是研究曲艺史的专家和广大观众的共识。基于此，侯先生才立即决定天津之行。

李恩普言明场次安排列于中前场，“包银”也不算高，每月六十元，生活上虽无大问题，但不会有太多的富裕。这也是从实际考虑的，因为当时的侯先生可以说无甚声名，天津观众对他很不熟悉，尽管李恩普对他感觉很好，但是演员的盛衰决定权还是操在观众手中，只能是“拉线瞧活”“台上见高低”。侯先生对这些问题当然也心知肚明，于是一切问题谈妥之后，便决定了来津日期。

"打炮"前,侯先生和自己的伙伴郭启儒老师来到天津。郭启儒比侯先生年长,辈分也比侯高一辈,是相声前辈刘德智之徒。侯、郭自搭伙后,几十年来不曾分手,也是相声界为数不多的一对经典搭档,二位配合极为默契,可以说郭是侯的得力助手。一直到郭年老多病退出舞台,侯才不得不另觅他人为之捧哏。20 世纪 70 年代初,侯先生不时来津看望赵佩茹先生,赵先生当时身体不太好,侯嘱赵安心养病,甚至想把赵请到北京治疗休养。侯先生想等赵先生康复后二人能够合作,笔者彼时到赵先生家问候时,赵先生也谈过这个问题,可惜 1973 年赵先生竟与世长辞,侯、赵合作终成泡影,惜哉!

再说侯先生到津的首场演出,可说是一炮打响。观众普遍认为他的表演风格清新,声音脆美,台风潇洒,随之津沽各报刊也发表了不少的揄扬文章。不久,"侯宝林"仨字儿即彰显于津沽曲坛。他在南市燕乐演出了相当长的时期,始终处于不败之地,尤其又上电台直播,其名望更大了。当时演员上电台的宣传效果,胜于今天上电视。这是有原因的,因为现在电视频道太多了,令观众实在不好选择了,而当年电台只有几个,且演员每天在固定时间必上,容易引起听众注意。如果你的艺术水平好,上电台不会太久,就能享名。电台长期广播侯先生的节目,也是他享名因素之一。

再说他在剧场演出,因艺术水平高,受欢迎,时间不是太长就在演出中跃居"倒二"了。昔年杂耍(曲艺)场子,京韵大鼓领衔"攒底"是基本模式,而相声多为"倒二"。不过作为"倒二"的相声，必得有相当高的艺术水平和声望，比如当年的张寿臣、常宝堃、马三立等都是长期担任“倒二”，而“攒底”的京韵演员多是刘宝全、白云鹏、小彩舞等。

当年天津的顾曲者有一习惯，当最后一场京韵大鼓上场后，观众往往听个两三“落儿”（即段落）就离场而去，所以终场时若能剩四五成座儿观众就很不错了。其实听曲者不就是为一号演员而来吗？既为他来，又不曲终而走，岂非咄咄怪事？这样的话，大多观众不是为刘宝全、白云鹏而来了？不然，你要是不用刘、白等人“攒底”，恐怕连半场的票都卖不出去，这就是当年的一种怪现象。

再说侯先生在燕乐出演“倒二”时，是林红玉的“大轴”。林红玉（常贵田之外祖母）是20世纪二三十年代的京韵名家，和另一京韵女演员“小黑姑娘”（原名金慧君）为一时伯仲，均为“底角儿”，直到1936年小彩舞来津一炮而红，林、金二老之势相形才略呈式微。新中国成立后林、金二老又做了一段短时间的演出，后来分别在红桥区曲艺团和和平区曲艺团培养学生而终其生。

侯先生为林老顶“倒二”风头正健时，而林老似乎有些接不住了，面对此种情况，“攒底”者既感尴尬，院方更不满意。因为这必然要影响院方收入，于是安排具体演出的院方负责人（俗称经励科，邀请演员、定工资这些事情均由其掌管，是资方的得力干员）王新槐，内界称之“王十二”。当年曲艺圈儿有不少人，约二三十位，曾结为拜把弟兄，此也当时风气使然，王新槐排行十二，故有是称。

王十二对每个演员之艺术水平和市场情况最为熟稔,他想,以现在侯宝林的声势,“攒底”没问题,至于林红玉的场次该如何,王十二根本没放在心上,因为你在场上的使用价值不似先前了。干剧场的可不管演员心情,你能叫座儿,对你恭维备至,一旦式微,立即白眼相加,冷嘲热讽,所谓艺尽人缘散,这也是旧社会“张口饭”难吃的原因之一。想至此,王十二找到了侯先生:“侯……侯爷……”此人说话略有口吃,“你……你老这阵儿是红日当头呀!”侯先生立即意识到,可能有事,于是单刀直入:“咱们用不着捧,有话直说吧!”“罢……罢了!咱也不来‘仙鹤打架——绕脖了’,直……直说吧!你……你老‘攒底’怎么样?”说老实话,王十二此言一出,侯先生虽说面无变化,而心中仍是有些出乎意料,因为这在当年是从未有过的事情,尽管当时也有些位相声名家,但也只能上“倒二”,“攒底”必须是京韵。今天王十二提出这个要求,怎不令侯先生百感交集?但他深知自己的艺术水平已经得到了广大观众的认可,不然王十二也绝不会提出这一要求。侯先生当时脑子转得极快,瞬间把多方面情况都考虑了,他略一沉思,问了王十二一句:“您看怎么样?行吗?”“我……我看行,你老还信不过我吗?”侯先生说:“您要看着行,咱就招呼。”“完……完了,就这么定了。”“别忙……”“侯爷……还……还有嘛说的?”“包银还没说呢!”“包……包银没……落下过你老的呀!(当然,此时的包银已非昔日的六十元了)”“我知道不欠我包银,不过我拿的那是‘倒二’的钱,这会儿是攒底呀!”王十二一听:“侯……侯爷,这几天买卖有点儿掉……掉座儿,你老先避避屈，过两天缓缓再给你老长……长份儿。”“那就过两天再说，我还上‘倒二’。”“别……别介……侯……侯爷……你老……我……得……给你老长份儿，拿攒底的包银。”王十二终于答应了侯先生的要求，侯先生的相声“攒底”了。

对此相声大师张寿臣曾说：“侯宝林的相声攒底，给咱这行露脸了，宝林是相声功臣。”

侯宝林，从天津南市发迹，从而走向全国乃至海外，成为相声界划时代的一位大师。

大脑中充满“艺术细胞”的马三立

马三立先生的相声在业内称为王牌并不为过。表演艺术从来就有“会、通、精、化”几个层次，表演上臻于化境者能有几人？马老是其中之一。他的成功固有天赋一面，但是对艺术刻苦钻研的成分更大些，这从一些生活小事中都可看出。20 世纪 80 年代初，有一次刘文亨和我在南市某处有一场演出，也有马老一场，吃饭时因马老是回族，单吃，文亨兄怕老爷子孤单寂寞，跟我说：“咱俩跟老爷子一块儿吃，连说说话。”于是我们爷儿仨吃的回民菜饭。

一碗饭吃过后我把筷子放在碗上了。马老看了看我，略沉一会儿问道：“你还吃？”“不吃了。”“不吃了还不把筷子放桌上，《崂山道士》白说了。”当时我脑子一闪：“崂……噢！”当即把筷子从碗上拿下放在桌上。

事后文亨兄问我“放筷子”是怎么回事，我说：“《聊斋》里有一段《崂山道士》，内中提到，道士们吃饭时众人依次而坐，专有道士负责盛饭，如果吃饱了，就把筷子放在饭桌上，如果不饱，把筷子放碗上再给你添饭，我把筷子放在碗上，所以老爷子才有一问。”文亨兄听罢连连点头：“这老爷子脑子里都是‘活儿’，他不说《聊斋》，可是听完了就装脑子里了，连这么个细节都在生活中能联系上，他这脑子里都是‘艺术细胞’。”

还有一次我和田立禾兄到疗养所看望马老，立禾兄有一副对子，但下联儿怎么也想不起来了，于是求教马老，老爷子听罢上联，下联脱口而出。立禾兄连称：“对对。”

马三立，真正的艺术大师。

相声“大夫”张寿臣

南市三不管有个大娱乐茶社，是过去和平区曲艺团的基本演出阵地。

有一年和平区相声队在这儿演出，相声大师张寿臣到后台串门儿，演员们都是他的晚辈，一进后台众人嘘寒问暖，连忙沏茶倒水。这时刘文亨要上场，寿老问一句：“说什么段子？”“《忘戏词》。”“使什么‘底’？”所谓“底”就是段子的尾声。“《渭水河》的底，我总使不响，您给我听听。”寿老点点头。

这个段子说的是演员因各种原因在台上出错而产生了笑料，这是个散点式的节目，没有固定台词，“底”也各不相同，文亨兄爱使《渭水河》的底。说的是河南梆子某剧团演《渭水河》这出戏，扮演姜子牙的演员有几句唱，唱词是“家住在东海岸老龙背，姓姜名尚字子牙，道号叫飞熊”。当他唱到“字子牙”后，把“道号叫飞熊”给忘了，在台上一个劲地“字子牙”，观众直叫“好”，他以为观众爱听了，还唱“字子牙”，有一位观众站起来了，冲演员直嚷：“我们这是倒好！”“道号叫飞熊”，他想起来了。全段结束。

文亨下台后，寿老说：“你最后一句唱的‘道号叫飞熊’有点儿问题，这句的‘道号’两个字必须要和那位叫倒好的观众说的‘倒好’，是一个音调，这个‘道号’俩字不能使腔儿，也不能拉长音，要了解是那位观众的‘倒好’俩字，给他提了醒儿，他才唱出这句词儿。”文亨听罢恍然大悟，原来文亨兄“道号”俩字有时带个小腔或音调长一点儿，这就跟观众那句“倒好”不一样了，所以效果不佳。过些日子寿老又到后台串门儿，文亨照寿老所教导的方法又使了一次《渭水河》，果然效果很强烈，寿老露出了会心的微笑。后来文亨兄总爱说，寿老不单是会的东西多，还把任何一个段子都钻研透了，你使的“活儿”什么地方不对给你指出来，你若改正，准能取得圆满效果，从这个角度说又是“相声大夫”，还是好大夫，真能给咱“治病”啊！

对此，我也深有体会。1987 年，中央电视台和中央人民广播电台曾于当年春节组织了一场相声小品晚会，播出时间是大年初一，其中有一场六人相声，表演者是常宝霆、白全福、刘文亨、郑健、戴志成，还有我。段子是王鸣禄先生所写，此段本应由常逗白捧，因时间紧迫，王先生怕白老年岁较长，背词有些困难，于是建议我来捧，诸君也无异议。内中其他演员都有一段学唱表演，有一人表演的是黄梅戏，他并没学七仙女或董永的唱，却学的是“大槐树”的唱。唱毕，我有一句台词：“大槐树啊！?”我以为这就是一句风趣性的台词而已，演毕，常老师对我说：“‘大槐树啊！’这句你没抖响。”我当时有些不解，问道：“这是包袱吗？”“是！”常老师很肯定，“今天晚上还有场，你要这样翻”，说毕给我做了示范。当晚演出时我照常老师所授，道出这句台词，果然“包袱”响了。此事令我终生难忘，前辈的艺术造诣，确实是我们永远学习的榜样。

话说刘广文

刘广文，是刘文亨之父，当年也是一位相声名家。他确实是相声界一位独具特色的演员。说“特色”最明显的一点就是有些“包袱”别人说不响，而到他嘴里效果却相当好，特别是他的眼神，绝对有戏，眼为心中苗，或为“心灵的窗户”，他的眼神运用，他人难及。追究起来，他所以能把看似不响的包袱使响，就是把声、相，特别是眼神的运用结合为一体，再和表演内容紧密联系，且能抓住观众心理，才能有如此效果，而能做到这点确属不易。

他当年所演出的《家庭论》《关秦斗》《王宝钏洗澡》《批大戏》等迥异于他人，为观众所称道。他的最佳搭档是刘桂田（马三立的师兄弟），二人互为捧逗，配合极为默契，已是彼时相声界颇有影响的一对儿，时人称为“二刘”。后来由于种种原因，二人不得已而分手。笔者只看过一场刘桂田，那还是中华人民共和国成立前后在北京，离长安戏院不远，长安街拐角处一戏院可能叫平安戏院，是由常宝堃为团长的“兄弟剧团”在彼演出，前面曲艺，后面笑剧。当时为刘桂田捧哏的是佟浩如，演出的是《杂学唱》，印象中他学杨小楼的《霸王别姬》，连念带唱还有表演，效果相当强烈。

广文先生和其他名演员一样，也是经过拼搏奋进才取得成功的。他本是一名电业工人，因爱好相声才投身艺业，票友下海比自小学艺要付出更大的努力，但是他成功了。不过，成功之途可不是一帆风顺，文亨兄曾经和我提起这么一件事。

当年，李寿增也在南市连兴茶社演出，他原名李德林，是一位火车司机，业余最喜相声，后来从艺。后来，也在连兴学徒的孙少林拜其为师，约在 20 世纪 40 年代初，师徒离开连兴到济南卖艺。孙少林是一位说、学、逗、唱四功俱佳的全才演员，到了济南之后，师徒之技艺受到当地观众的极大欢迎，说这场相声名震济南不为过也。李寿增看到这种局面，心想，若在此处开辟一个相声场地，既能给相声演员多了一个演出阵地，又能有较好的收入，于是经过一番周折，终于在济南大观园游艺区开设了一个“晨光茶社”。

茶社开幕后果然大受欢迎，观众如云，演员也多从京、津两地约请，晨光和天津的连兴、声远以及北京的启明，是当年北方演出相声大会的四大基地，应在中国相声发展史上写下浓墨重彩的一笔，这都可算是相声界的“黄埔军校”。

晨光开设一个时期，演员不断更换，有某个时期李寿增认为演员阵容似乎较弱，于是命其徒孙少林到天津约角儿。少林奉师之命回到故乡，对故乡演员他都熟悉，发现刘广文之技艺比先前更好了，于是决定请广文先生赴济南演出。刘先生原来主要在天津、北京演出，也想到济南再次检验一下自己的艺术水平，于是就答应了少林之请。

李二爷(界内对李寿增尊称)对刘广文也并非不识,他离开天津时广文先生已从此业有年,只是当时还是个普通演员,孙少林见到师父后指指刘广文:“师父,我把广文大哥请来了。”广文也赶忙近前叫了一声:“二伯您好。”没料到,此时李二爷冲着孙少林“呸”就是一口唾沫,脸子一沉:“我是叫你约角儿去的,你……”后面的话没说出来,显然,绝没有太顺耳的话了。

诸君试想,刘广文处在这种场合,会是一种什么心情,可以说羞愧、愤懑、气恨交织一处,但最后还是归于无奈。他本想拔腿一走,从此跟李二爷恩断义绝,永无来往,但他最终没有发作,他对自己的艺术还是有个估价的,他深知,这个行业在台下说得天花乱坠,没用,讲的是“拉线儿瞧活,台上见分晓”。既然来了,我就要干两天,如果真的不行,那就不怨人家给你冷脸子;如果行了,那就什么都好说了。想到这儿,他的心情立即平静下来,说道:“二伯,我既然老远地来一趟济南,这样好不好,我就干三天,如果不行的话,立马走人。”李寿增也感觉到刚才说的话是有些过分了,于是应道:“那就干几天吧,你先歇两天,提前亮海报,后天登台。”

海报贴出后,逛大观园的许多相声听众对刘广文其人,知者甚少,都憋着到时得看一看的心情。首演之日要说刘先生一点儿也不紧张,是假话,但是他在后台显得比较从容,只有一个信念,只许成功,不能失败。

刘先生登场时,因是初次和济南观众见面,众人报以热烈掌声，广文先生台风稳健、大方，先给观众一个好印象，待等表演时，语言甜美，包袱高雅，眼神运用尤其高人一筹，整个段子演得既神完气足，却又显得驾轻就熟，一句话，“打炮”成功。接着又连演两天，只有短短三天，济南相声观众都知道天津来了个刘广文。“那相声，说得杠了赛啦！（太好了）”。

三天演毕，广文先生来到李二爷跟前：“二伯，前者跟您说演三天，总算演完了，这几天给您添了不少麻烦，我谢谢您，我得回天津了。”李二爷一听：“爷们儿，怎么回事？这几天二伯慢待了？吃喝不舒坦？买卖不随心？怎么说走就走呢？”李二爷把初见广文的话语只字不提。“不是，我合计孩子大人都在天津，还是回去吧。”“广文，咱吃张口饭的，有不跑码头的吗？你这是拿话搪塞我，少林——”“师父，干嘛？”“去，给你师哥跪那儿，他多咱说不走了，你再起来，他要是一定要走，你就一辈子别起来！”说完，李二爷出离房门。当时广文先生心说，“姜是老的辣”，难道真叫少林跪下？所以少林刚要下跪，广文忙把他搀起：“兄弟，你这不是折罪我吗？”当然，最后刘先生还是被留在了济南，连续演出了较长一段时间，给济南观众留下了极好的印象。20 世纪 80 年代初，我们到济南演出，当地还有些老观众对刘广文充满惦念之情，听说文亨先生是广文先生哲嗣，观众十分欢迎，文亨也不负众望，以自己的精湛技艺博得泉城观众的赞誉，真可谓“父子英雄”。

当初刘广文刚到济南，李二爷的那种表现，确实令人难堪，不过，当年这种现象在文艺界并不鲜见，院方对演员的态度，就看你能不能为院方赚钱，李寿增是“穴头”，他考虑的当然更多，他对刘广文的艺术又没有实际考量，故有此冷语冷言，待等广文真受台下欢迎，院方能大把挣钱时，则马上换了一副面孔。说起来，那时艺人还是成天为生活担忧，所以对李寿增的那种表现也是可以理解的。后来李、刘这爷儿俩关系走得还很近。1950 年前后李二爷到鸟市声远茶社串门儿，文亨那时刚学徒，李寿增还给文亨捧了一段儿，使文亨受益不浅。

李寿增于 1953 年返回故乡，参加了天津市曲艺团，和赵佩茹合作为赵捧哏。其实赵佩茹少年时李寿增就给他捧过哏，还在电台播音。常宝堃抗美援朝牺牲后，赵先生一个人，李寿增回团正好促成他们的二次合作。

最可惜的是广文先生，虚龄刚到四十，即因患尿毒症，不幸而亡，倘能寿享高龄，一定会为相声事业作出很大的贡献。广文先生逝于 1951 年下半年。

张寿臣台上教诲孙少林

孙少林，天津人，相声界公认的一位全才演员，少小即在南市连兴茶社学艺，边学艺边演出，后拜李寿增为师，他的年岁比马三立、赵佩茹、刘宝瑞略小，是连兴茶社的“第二梯队”。孙少林天生具有“相声细胞”，学活极快，演出效果也十分火炽，说、学、逗、唱都很地道，是观众喜爱的青少年演员。另外，他还有一定的戏曲武功基础，“跟头”“吊毛”“飞脚”在台上一使，满是那么回事，这无形中又令他的舞台效果层楼更上。他的演出往往和别人不一样，比如说“贯口”活时，一般演员都是把一大段台词由头至尾一气呵成，最后结束时，观众对演员神完气足、字清句真的表演报以掌声。而孙少林在说贯口时，往往在中途停住了，夹叙一些其他台词，当然还得有个“包袱”，然后再接着背诵。这对演员来说，其实是很难的，因为背诵大段台词若中途打断，说些别的话，再背，恐怕就很不顺畅，甚至一时背不下来都有可能。因为演员在排练或演出时不可能出现这种情况，一气贯通，已成“惯性”，突然中止，势必给后面的背诵带来影响，孙少林对此，都轻松至极,说明他的功底确实非同凡响,所以在相声界前辈中,说起“大来子”(孙的乳名)无人不赞服。

20世纪40年代,孙少林和师父李寿增同赴济南,开设了晨光茶社,于是落户济南,自此很少外出,这是他们的演出阵地,偶尔到其他地方,也是短期演出。

1950年前后孙少林回天津,曾在南市慎益街新化池澡堂楼上新声剧场做过短期演出。在河北鸟市也有一新声茶社,主要演评书,比南市新声规模要小,故称小新声,称南市新声为大新声,大新声主要演曲艺,彼时正是孙书筠的京韵大鼓“攒底”。孙书筠是京韵大鼓女演员中的佼佼者,当年主要于京津两地演出,1950年前后一直在天津各曲艺场所登台,有时前面演曲艺,后半场演曲艺剧,直到1953年,参加了中央广播说唱团,以后她很少来津演出。中国北方曲校成立后,孙书筠对入校学生曾给予积极的指导,将全部精力贡献给了曲艺事业。

孙少林给孙书筠上“倒二”,他邀请张寿臣为其捧哏,演出效果非常之好。有一天寿老在后台问少林:“今天想使什么活?”“使《对对子》吧!”“《对对子》这块活,可得说说。”寿老的意思是这类活,预先得研究好打算用什么样的对子,因为它的内容是捧哏者说一个上联,逗哏的说一个下联,主动权掌握在捧哏者手里,每对演员使这类活都要事先碰一碰。类似的活还有《卖对子》,也是由捧哏的说出一个行业,要逗哏的给此行业写一副对联,不过它要多一个横批,笑料多出自横批。为什么要对对活呢?很简单,你不知道捧哏的会出什么样的上联,这类活虽然大路子基本有几副固定的对联,但作为腹笥渊博的长辈张寿臣主动提出跟你对活,一是对观众负责,二是老先生为的是就乎你。按理说,应当是少林请示寿老:“您看我打算使这几副对子行不行?”他不但没说这话,当老先生提出对活时,他却说:“甭对了,不就是那几副对子吗?您看着使吧。”少林此话或出于无心,或自认为他所会的对子较多,想来不会出什么问题,却没想到,此言一出令寿老很气愤,心说,我是你师伯,主动找你对活,你说什么甭对了!好吧,不对就不对。待等上台之后,段子说到中途,寿老说:“你听我这个上联:八面槽,你对下联吧!”少林在台上当时一愣,仗着他舞台经验丰富,尽管心里有点儿打鼓,表面上还没带出来。“您说这个上联是——”“八面槽”“八面……这个这个……”少林一边作思想之状,一边心说:“甭问,老爷子刚才在后台找我对词儿,我给驳了,这是给我一个警戒。”他知道,老爷子不能把他撂在台上,果然,寿老问少林:“对不上了吧?”其实,对“八面槽”三字作何解释少林尚且不知,那么这个下联当然没法儿对。“跟你说吧,这八面槽是北京的一个地名儿,我这个下联儿是四眼井,也是北京的一个地名。”少林听罢恍然大悟:“八对四,数目字对数目字,地名对地名,蛮好!”“可你没对上来呀!爷们儿,记住了,学无止境,刚才还说了‘您有上联儿,我这儿就有下联儿’,这话说得太大了吧!话又说回来了,子不教父之过,教不严师之惰,也怨我平时对你教育不严,今天在大庭广众之下,人烟稠密之所,连我跟着你也栽跟头,可把我气着了,我也不打你,我也不骂你,我给你买二百个包子全给我吃了,吃不下去,拿擀面棍儿往下捅!”少林言道:“您这是什么刑罚? 诸位,今儿您算来着了,听一段儿《对对子》,外加一段儿《训徒》。”这爷儿俩在台上仍是“包袱”不断。

说老实话寿老对少林是非常喜爱的,不然也不会答应给他捧哏,而少林当时终究还是年轻,又因为自己的业务能力确实很高,所以就出现了疏忽大意的表现,寿老之所以这样做,也是给他一个警示,所谓爱之愈深,责之愈切,少林对此是深以为然的。

孙少林,一位相声界的杰才,可惜,1980 年因病辞世,相声界和广大观众莫不哀痛至深。

郭荣启艺术黄金期演于南市

群英戏院坐落于南市广兴街，第一舞台（后改上光明）斜对过，建筑者是天津籍江苏督军李纯所属的南市东兴房产公司，时在民初。当年南市的街道里巷，凡标有东兴二字的，均系李纯之产。群英最早并非影剧院，而是妓女的演出地，多为清唱。南市有“四大部”之说，群英即为其中一部。妓女在此演唱，意在招引嫖客，院方和妓院有经济关系，开业之初虽红火一个时期，但没有几年渐呈颓象。时有南市士绅齐文轩者转租到手，自此才正式改为剧场。齐文轩既有一定的经济实力，又有文化，还曾服务于报界。从他入主群英后，改演戏剧曲艺，并倡议影剧界组织一个“华界影剧公会”，以使各影剧院之间互相帮衬，以利营业（不包括租界内的影剧业）。众人皆从其意，公推齐文轩为会长。1940年左右齐因身体不佳，乃将会长一职委于上光明经理李吟梅任之。为时不久齐文轩去世，群英戏院由郝祥金接收。郝亦南市一带头面人物，又在“家理”（即青帮），有一定的势力，故接手后业务较好，主要演曲艺，有时也演京剧。

在我的记忆中，约在天津解放前后，群英的业务相当好，彼时演出曲艺，大轴由小岚云担纲。小岚云嗓音高亢甜美，可称标准刘派京韵继承人，在女演员中，若以嗓子高亮爽脆而论，可说无出其右者。中华人民共和国成立后，小岚云参加天津市曲艺团，和“小彩舞”并称伯仲。

当时的“倒二”相声，即由郭荣启、朱相臣充任。郭荣启乃相声老前辈郭瑞林之子，郭瑞林与万人迷（李德锡）同辈，故郭荣启和张寿臣、马三立等同辈，他是门里出身，十余岁又拜马三立之父马德禄为师，故他与马三立是亲师兄弟。但郭荣启较马三老小三四岁，少年时也在南市连兴茶社学徒，那时马三立、赵佩茹、刘宝瑞已是青年演员，故郭老常说：“论辈分我比佩茹、宝瑞长一辈，但他们出艺比我早。他们在观众中已有一定的声誉时，我还在学艺中。”郭老这种不倚老卖老、实事求是的精神确实值得后辈学习。

郭老少年时受过不少折磨，而且身体一直不太好，后又患肺结核，但其进取之心未曾稍减，经过奋斗，终于艺有所成。郭老在南市连兴、河北鸟市声远演出一个阶段后，离开天津远赴东北，也在济南、南京、上海和北京等地做艺，此时他的艺术成就已被广大观众所赞许，已经是一位在相声界颇具声望的名家了。日本投降后郭老又回到天津，此时已有倦鸟归林之心，但是不能息影舞台，为了生活他还需要演出。就在此期间，群英方面邀请他登台，他没有捧哏的，于是在连兴茶社发现了朱相臣。郭老认为朱的捧哏风范和他匹配比较合适，于是请出师哥张寿臣，请他和连兴的“穴头”（掌权人）尹寿山（尹笑声之父），希望能玉成此事。寿老乃和尹老谈了此事，尹老答应可将相臣暂借一个时期，相臣之包银（工资）仍交连兴，即其人事关系和经济待遇仍属连兴。事情谈妥后张、郭、尹、朱还有几位艺界耆老在南市燕春楼聚餐一次，后朱相臣又拜张寿老为师。

郭、朱合作后颇受观众欢迎，郭先生虽然个子不高，却台风稳健，能压台。他是一位说、学、逗、唱全面发展的相声人才，那时曲艺经常有现场直播，通过电台广播，这档相声可以说是家喻户晓。郭老之声誉未几即显赫于曲艺舞台，此一时期毫不夸张地说，是郭先生艺术实践的黄金时段。他们经常合作的节目有《拉洋片》《大上寿》《卖布头》《汾河湾》等，而最受欢迎的节目莫过于《打牌论》和《怯讲演》。《打牌论》在原来《赌论》的基础上，经过郭老精心揣摩，最终由两个段落组成。一个是表现一小市民通过打麻将牌的输赢所展现出的低俗品格，在那个时期确实有相当的典型性；节目的后半部是描述津沽妇女“斗十胡”的场景。“十胡”是一门赌具，各地都有，即“斗纸牌”，独天津“十胡”迥异外地，故有“卫十胡”之称。同样。郭老在表现津门普通家庭妇女时，也逼真酷肖，又使用“倒口”（变口音）天津话，真个令人忍俊不禁。此一节目“包袱”不断，又贴近当时普通市民生活，所以最受观众欢迎。有一次海报贴的是郭、朱的《拉洋片》，可是他们上场后台下观众齐声要求《打牌论》……最后郭先生微微一笑：“得了，咱就说《打牌论》啦！”观众当然掌声一片，等到掌声刚落，朱相臣自言自语说了一句：“天不灭曹啊！”观众又是一阵大笑。你道为何？原来《拉洋片》这个段子里，捧哏的头部要挨不少的打，不是用扇子，而是用两块板子，谓之托板，当然打时要有巧劲，但台下看着捧哏真挨了打，若是改《打牌论》，朱相臣当然免了这顿打，朱的这句“天不灭曹”即指此意。可是这也得说是天津观众对于曲艺相声太熟悉了，如果观众根本不知《拉洋片》的表演内容，朱的这句“天不灭曹”说也无用，甚至观众还纳闷儿：为什么朱相臣说了这么一句？这就进一步证明天津的曲艺观众太可爱了，真是演员的知音。

郭、朱二位合作了十几年，当然，朱在连兴茶社也退出了。一直到 1956 年左右，郭先生因身体关系，舞台演出有时难以应付，就给团里学员适量地教些段子，后来就提前退休了。而朱先生又给苏文茂捧哏了，这爷儿俩的演出真可谓珠联璧合，极为默契。他们合作演出的《批三国》《汾河湾》《杂谈空城计》《文章会》《论捧逗》等，都是相声的经典之作，这些节目直到现在仍然在观众中有着极大的影响。文茂兄自虚龄十四岁拜师学艺，所会多多，也和不少人合作过，比如他跟常宝华，天津解放初就在燕乐戏院合作演出，二人互为捧逗，都取得相当成绩。但是客观地说，苏先生的艺术巅峰期，是和朱先生合作以后，这不能不说朱先生给文茂兄以相当的助力，文茂兄生前对此也并不否认。就相声而言，凡是在观众中有一定影响的演员，几乎都是捧逗互相依赖，共同完成一件艺术作品，也即节目，比如常宝堃和赵佩茹、侯宝林和郭启儒、张寿臣和陶相如、高英培和范振钰等莫不如是。

提及郭先生，顺便又谈到朱相臣以及苏文茂，若说相声捧逗关系，这是个大题目，非三言两语所能谈彻，就此而止吧。

永元德中论辈分

在南市燕乐戏院斜对过，有一家回民饭馆永元德。过去相声、评书两界同仁，或三五知己，或有较大事项，摆上几桌，多在此处。

有一年评书大师陈士和与相声大师张寿臣一起吃饭，正好常宝堃推门而入，一眼看到二老在此，连忙趋步向前请安于寿老前，拱手道："师父您好。"又转向陈老："师爷您好。"未等陈老答言，寿老立即向宝堃说："别忙！你管他叫师爷是我给你引荐的吗？我说过你管他叫师爷？"此言一出，宝堃好不尴尬，陈老见此情景忙说："这是他爸爸（常连安）叫他这么叫的，他能不听吗？""他爸爸是有名的常小辈儿，你是有名的陈大辈儿，他爸爸叫他管你叫爷爷我不管，叫祖宗我都不拦着，别带着个'师'字儿。"

诸君由此不难看出，这个"师"字却是大有来头，因为他关乎着一个艺术传承问题。过去有所谓"春评不分"之说，就是说相声和评书不分家，于是在论资排辈儿上也有相对应的字。大致说来，相声的德字辈相当于评书的诚字辈（相应的字，也即流派很多，在此仅举一例）。寿老的评书门户是豫字辈，艺名张豫华，乃张诚润之徒，但此名未曾用过。而陈老之师是张智兰。据曲艺研究家倪钟之先生精心考证，相声的第二代，相当于评书第七代，第七代中有一致字，第八代中有诚、杰等字。评书八代相当于相声三代，即德字辈，比张寿老长一辈。但张智兰的智字，并非评书之致字。如张智兰按致字而论，陈士和当然属相声德字辈，因此智非彼致，所以行内有人说陈老门户不正。

其实，张智兰属自立门户，同样，陈老也是自立门户，其后代按“健、立、功、业”相传。不过，陈老在天津除和寿老以弟兄相论外，其他和寿老平辈者多以师叔称呼陈老，其中原因，据我分析，一是陈老年齿较长，二者其艺高超，又和许多诚、杰字辈之评书名家结为兄弟，所以辈分无形中也上去了。比如赵佩茹亲叔父固桐晟先生，因服陈艺，曾欲拜陈为师，陈道：“你已有师，不必拜我了，认为义父吧。”而寿老和固老又属同辈。另外，陈老徒孙刘立福先生又称寿老为师父，寿老也认之。故在艺人中所谓辈分其实也不可深究，于是又有“江湖乱道”一说。称呼和辈分之乱，非只一宗，又如侯宝林的老搭档郭启儒，本和张寿老平辈，却称寿老为叔，因郭老之师刘德智和寿老系义兄弟。马三老的老搭档张庆森，本来比马老小一辈，马老却以兄待之，诸如此类者不胜枚举。故愚见认为辈分只是一种艺术关系传承而已，并不真正代表人与人之间的感情，它不意味着本门师兄弟关系就一定亲密无间。有的师徒关系尚且淡然相处，乃至很少往来，马老生前对此也有些看法。有一次马老和其徒闫笑儒在交通旅馆大厅收徒，马老有个即席讲话,曾谈道:拜师,只不过是个艺术传承,不必拘泥于辈分,前辈就是老师。“你说,有些部队同志也认师,这个无可厚非,可是要在马路上,你穿着一身儿军装,一见我,连喊‘师爷’,人家走道儿的听了就许一愣。所以对这个辈分不必过于较真,学艺术,好好为人民服务,这是最要紧的”。马老之言,我深以为然。

再说陈老和寿老,其实他们的交情十分深厚,交往也密切,尤其对彼此的艺术,都是相当佩服的。永元德的辈分之论,只不过是二老生活中的一个小插曲而已。

常宝堃、赵佩茹捧逗互换

常宝堃（艺名小蘑菇）和赵佩茹这一对相声，当年论红火程度，在津门相声界可说无出其右者。常宝堃十四岁时和赵佩茹（时年二十二岁）合作，十五年间不曾分手，直到宝堃二十九岁在朝鲜战场壮烈牺牲，赵先生才不得不另觅他人为配。

常、赵合作，常对赵十分尊重，赵腹笥渊博，对常多有指点，而常聪颖过人，对原有“包袱”往往有所翻新、借鉴，他们配合之默契，以及在台上的“台缘儿”无人能比。

还有一特殊之处，他们的演出并非一定是常逗赵捧，有时互调，还要以节目而定，如说《福寿全》《大审》《拉洋片》等则多为赵逗常捧，因为这样安排演出效果更好。

在这里还有必要说一下，曲艺场子所上节目，除已经媒体或院方广告上标出某人所唱节目外，所演节目多为临场决定，这在界内有一术语，称作“把点开活”。“把”即是观察，“点”指的是观众，“开活”则指上演什么节目。以相声而论，如果赶上过年，观众较杂，妇女儿童较多，只能演一些所谓“皮儿薄”的段子，如

《打灯谜》等;如果观众中妇女较多,可以说一段《家庭论》;商人较多可以说些《批生意》《买卖论》等;而文化人若多,可以说一些《八扇屏》《夸住宅》《对春联》等节目。总之,“把点开活”多由一些经验多的演员决定。以常、赵的相声而论,多半是赵先生决定上什么段子。

我听过一次赵逗常捧的节目,是在1950年秋冬之际,地点也是燕乐戏院。当时这个班社叫“红风曲艺社”,白云鹏“攒底”,那天天气不太好,所以上座不太理想,也就是六成多座儿,白云鹏上场后还一再感谢观众:“您看,今儿这个天儿,又凉还有风,老主道大老远地上这儿来,对我们爷儿几个太捧了,我们没别的,就得多卖点力气,不能对不住您。”一番表态拉近了和观众的感情。

那天赵、常说的段子是《敬财神》,内容是把观众比作财神爷,甲乙二人比为食品,而捧哏的所比作的食品,都有鸡蛋。最后,饭菜吃罢,该上汤了,捧哏的乃言:“如再拿我比鸡蛋,对你决不客气。”手中持扇,做欲打状,逗哏的说:“这回没鸡蛋了。”“我是什么汤?”“您好比一碗高清汤。”捧哏听罢洋洋得意,“这回没鸡蛋。”逗哏的立马回道:“带卧果儿(即卧一鸡蛋)。”“还是鸡蛋啊!”全段结束。

老实说,这是个小有风趣的段子,既不火炽,也没有响堂的“包袱”,常、赵所以选择说这段,无非是场子比较冷清,若说一段比较热闹的节目,在这种场面下,得不到应有的艺术效果,倒显得尴尬了。

王世臣的"骄傲"

王世臣,著名相声演员,1921 年生于北京,自幼随师陈雨亭学艺。世臣十五六岁时已是京城相声新秀,1938 年和比他大一岁的班德贵搭档,来津加入南市东兴市场"连兴茶社",演出相声大会。

当年天津相声场子有两个大本营:一为河北鸟市的"声远茶社",另一个即南市的"连兴茶社"。京、津两地的相声名家几乎都在这两个茶社演出过,以"连兴"而论,马三立、刘宝瑞、赵佩茹等都是"连兴"当年的"主力队员"。那时的演出收入不固定,每天晚上分钱。工资最高者称为"拿整份",要求演员捧逗俱佳,能演单口、"八大棍"(长段的单口),还得受观众欢迎,有叫座力,不然就拿不到整份。若拿整份的 90%,称为九厘份,一般青年演员拿三四厘,学徒者拿零钱,即演员分完钱,剩下的少数钱,学徒者拿个三两角不等。

当时能拿半个份儿的演员,就得具备相当的演出能力,当年像赵佩茹这样的捧逗全才在连兴也就拿七八厘,后来"掌穴"人

(掌管班社的负责人)马三立之父马德禄老先生说:“佩茹捧逗单双可称全才,该拿整份儿了。”自此,赵佩如才不拿“破份儿”。

王世臣、班德贵初到连兴,以一段《数来宝》“打炮”,当时演此节目者还不是很多,两个人珠联璧合,表演默契,观众十分欢迎,演出效果极佳,结果“掌穴”的当时就给定了俩人一个半份儿,每人七厘五,这对一个十七八岁的青年演员来说,已经是很特殊了。这会儿“连兴”已经是马三老的师兄高桂清掌穴,德禄前辈已经去世了。

高桂清也算慧眼识人,王世臣说、学、逗、唱四功俱全,后来成为京津两地的一位相声名家。不过以当时十七岁的一位青少年在“连兴”茶社初登台就能拿七厘五,王先生对此事还是颇引为骄傲的。到晚年,每当提起初到天津时,王先生对此事总是充满激动、得意之情。

《法门寺》连满四十八场

20 世纪 80 年代初，在原和平、红桥、南开三个原区曲艺团的基础上，又重新组织了一个天津市实验曲艺团，由和平区文化部门领导。南市长虹曲艺厅是该团基本演出场地（即原来的南市权乐影院），团里分为曲艺、相声、长篇书、魔术杂技几个小队，演出时有分有合，相声往往单独演出。

该团成立不久，有一次相声队在南市中华曲苑演出，演出节目是前边四场相声，后边全队同时上阵的一场《法门寺》。

曲艺场子前边上曲艺单段儿，后面反串京剧，是过去经常出现的一种演出方式，无非是使观众有个新鲜感，以增加票房收入。不过一般地讲，这些京剧多是所占人数较少的剧目，比如《开茶馆》《打面缸》《一匹布》《荷珠配》《红鸾喜》等。比较大型的京剧以演《法门寺》的较多。笔者曾在 1950 年秋冬之季和 1951 年下半年（或许是 1952 年初）看过两场实力最强的由相声和曲艺演员反串的《法门寺》，都是在中国戏院。第一次的演出，票价最高为八千（旧币，折今币八角），这是京剧名演员的票价。那是为南方两省的救灾义演，卖了满堂。

演员均为相声名家，《法门寺》前，还有十四段相声，晚会时间相当长。单说《法门寺》的角色安排是这样的，常宝堃的宋巧姣（青衣），侯宝林的赵廉（老生），白全福的刘瑾（花脸），赵佩茹的贾桂（丑），郭荣启的宋国士（老生），马三立的太后（老旦），常宝霆的刘媒婆（彩旦），高元钧的和尚，其余的宫女、太监、校尉等人由杨少奎、尹寿山、闫笑儒、沈君、常宝霖、郭启儒、朱相臣等扮演。演唱时，既遵原剧唱念，又发挥不少的即兴笑料，比如常宝堃饮场时后台人员给他提出一把一尺多高的白洋铁壶，他对嘴而饮，观众哄堂；特别是常宝霆扮演的彩旦刘媒婆，提到公堂后没唱原词，而是拿台上演员开玩笑，唱的全是"现挂"，我记得有这么几句："常宝堃的宋巧姣，整个的大面包（那是宝堃已发胖），侯宝林去赵廉，也就是将就材料，马三立扮国太个儿高脑袋小，白全福去刘瑾，夜壶戴草帽，赵佩茹扮贾桂，遇见套白狼的了，郭荣启宋国士，他的肺结核还没好……"宝霆先生在世时我和他提及此事，他哈哈大笑："你还愣没忘这词儿，我都忘了。"可惜当时电台没把这场晚会录下来（那时没电视），这一珍贵的演出资料再也不能复现了。

第二次看《法门寺》演员有所变动，彼时常宝堃在朝鲜战场光荣牺牲，青衣宋巧姣由宝霆同志扮演，老生赵廉改为骆玉笙扮演，太后由高元钧扮演，和尚由苏文茂扮演，其他角色无大变动。

实验团相声《法门寺》，是一段相声群活，不带乐队伴奏，化装也是点缀性的，比如县官戴一顶纱帽，青衣包个头，贾桂戴个太监帽，脸上扑个“白豆腐块”，如此而已。

当时角色是这样分配的，刘文亨饰老生赵廉，魏文亮饰青衣宋巧姣，孟祥光饰花脸刘瑾，王文玉饰小花脸贾桂，赵心敏饰巧姣之父宋国士，田立禾饰国太，于宝林饰刘媒婆，佟守本、冯玉春饰校尉，刘文贞、班德贵、任鸣启、黄铁良、王世勇、穆祥林等饰宫女。而冯宝华为捧哏，因为剧中人每位都有“包袱”，所以冯宝华要给每位扮演者都捧，分量不轻。

值得一提的是文亨、文亮都有嗓子，文亨的四句唱：“才知道小刘彪是杀人凶犯，又谁知这内中有许多牵连，在庙堂恕为臣才疏学浅，望千岁开大恩限臣三天。”四句唱，每句一派，第一句谭派，第二句马派，第三句麒派，第四句杨派，学得逼真，魏文亮的一句道白“国太千岁容禀”等都获满堂彩。当然，剧中人都有自己的“包袱”，所以演出效果相当强烈，连续演出四十八场，场场满员。当时票价才五角钱，但是飞票可以卖到两三块，最高可以五块。不过，这要求每个演员都有自己的特色，要合作默契，如果不形成“一棵菜”的演出，那就令观众听着乏味了。惜哉！现在再组织这样的一场演出很难了，有些先生已过世，在世者也都年高体弱难当此任了。

连兴茶社

提起相声，全国莫不以天津为大本营。此艺虽源自北京，却崛起于天津。相声的演出形式早年都是“撂地”，后来才有了相声场子，相声演员当年绝大部分都在相声场子里演出，谓之“上地”，进入较大型剧场者究系少数，即使上大园子的，也是“地上”出身。张寿臣先生曾说过：“不是‘地上’出身的演员，没经过磨炼摔打，‘活头儿’不易过硬。”因为“地上”演出一场接一场，你的功力不行，接不住上一场，观众一走敛不上钱，影响演员生活，所以“地上”演员总要奋力拼搏，得保住上座儿率。

当年天津相声场子很多，实力最强者有两家：一为河北鸟市“声远茶社”，一为南市“三不管”的“连兴茶社”。

“连兴”开业于20世纪30年代左右，周德山、马德禄、高桂清、李少卿、尹寿山、耿宝林、闫笑儒、李洁尘、郭荣启等许多相声名家都在此献艺。当时风华正茂，后来享誉业界的大师级人物马三立、赵佩茹、刘宝瑞也是在此发迹而走红的。

我所知甚少，只知道连兴最早“掌穴”者为马德禄老前辈，老先生之后由其徒高桂清“掌穴”，即负责人，高离津后由尹寿山(尹笑声之父)“掌穴”。就在1936年的某日，常连安来到“连兴”。他是有目的而来的，是给其长子常宝堃(艺名小蘑菇)物色捧哏而来的。彼时宝堃年已十五(虚岁)，如再和父亲在台上说些伦理性的段子(传统相声多有此种节目)演者听者都不太舒服，常连安决心给儿子找一个好捧哏的，于是相中了“连兴”的赵佩茹。常赵两家是世交，赵佩茹是同辈演员的掌门人，大师兄，捧逗俱佳。从此，常宝堃、赵佩茹结为一档，当时这对相声演员就名望而论在京津两地可说无出其右者，他们合作了十五年，直到常宝堃先生在朝鲜战场光荣牺牲，始终不曾分离。

郭荣启从学徒时就在“连兴”，后来辗转各地作艺，由于自己拼搏努力，吸收各家之长，终于成为相声大家。日本投降后，他受群英戏院邀请来到天津，在北京的原搭档罗荣寿不想来津。因缺少捧哏，郭先生来到故地连兴茶社，发现朱相臣捧哏很好，于是和尹寿山商量，能否借朱相臣一个月为其捧哏，所得收入还归“连兴”。因郭先生打算演一个月后还回北京，尹老答应了。当时是京韵大鼓小岚云“攒底”，郭先生倒二，演出后大受欢迎。一个月后，剧场力邀郭先生继续演出，就这样，郭朱终于长期合作，二人配合默契，所演节目经过不断磨合享誉津门。朱先生的捧哏技艺独具特色，侪辈难以企及。侯宝林先生的评论是“朱先生是大捧哏的”。

郭朱正式合作时，郭先生为了使朱相臣的艺术层楼更上，希望朱能拜在张寿臣名下，为此郭在燕春楼请客，邀请了白云鹏、荣剑尘、于俊波、尹寿山、张寿臣等人，寿老终于把朱相臣收在门下。后来朱相臣又和苏文茂合作，他们演出的《批三国》《论捧逗》等节目今天还不时在电台播放，听众自可判断出朱先生在演出中所发挥的作用，笔者也不必赘述了。

另外，从连兴走出的演员还在外地开辟了相声阵地，如李寿增、孙少林师徒，建立了济南晨光茶社，从此，济南也成为北方相声演出的重镇。有人把连兴茶社喻为相声界的“黄埔军校”却也有趣。总之，连兴茶社在相声发展史上所作出的贡献，是不可抹杀的。

不能忘却的刘奎珍

提起刘奎珍先生,业内没有不服的,而马三立、侯宝林两位大师对其尤为推崇。当年刘老曾和马老合作过,后来嗓音变得沙哑,影响了业务。刘老捧逗单双皆好,他的包袱迥异他人,表演时不瘟不燥、顺畅自如、丝丝入扣。刘老晚年曾在实验曲艺团工作了一个时期,可惜没有留下多少声像资料。

20 世纪 80 年代初,我骑车到南市上剧场,刘老住南市,正好见刘老坐门口一个小板凳纳凉。他家住的是临街房,我赶紧下车趋前问候,他问我:“上地?(即上剧场)”我答应一声。“坐会儿误不了场吧?”“误不了。”说着,他从屋里给我拿出一个小板凳。我坐那以后忙说:“刘大爷,您给我说说活儿。”“你俩人(指刘文亨和我)这场买卖还凑合,没别的就得下功夫多琢磨活儿,你们说的《学评书》,我听了,有个地方儿有句词儿好像不老合适的。”“您说。”“文亨说的‘十位英雄正在酒楼吃酒,忽听噔噔噔从楼下跑上一人扎杀背膀,直吓得十位英雄乜呆呆发愣,要问来者何人?明天再讲。’转天‘圆扣儿’的时候,听主儿才知道:原来是跑堂的

‘上菜!’。跑堂的个个扎杀背膀,饭座儿谁敢进去呀?你说呢?”我听罢连连点头:“您说得对。”见到文亨兄后我把此事说给他听,他也乐了:“跑堂的哪有腆胸叠肚的,人家连这么细致的地方都考虑这么周全,要不说人家的活跟别人不一样呢,咱啊!慢慢学吧!”

姜存瑞尊师重道不失礼数

姜存瑞、顾存德,均为天津说书名家,是评书第九代传人,同属“存”字辈,第八代为“豫”字辈(当然还有其他支派,姑不论)。顾存德之师徐豫田,姜存瑞之师蔡豫卿。论年龄,姜存瑞稍长,论入行,顾存德稍早,依行规论,顾为姜之师兄。

他们拜师后都是先学的“本门底活”《隋唐》,顾先生成名较早,1949年前,既上书场,也上剧场,电台广播几乎终日不断,不过并非说《隋唐》而是《雍正剑侠图》,此书篇幅过长,而顾的前套《剑侠图》是业内公认说演极佳。姜先生也跟师兄学过此书。顾先生又追随陈士和大师多年,可以说是一位说表均擅的全才评书家,因随陈多年,故新中国成立后放弃《剑侠图》后,以《聊斋》呈现舞台。

姜先生终生勤学不辍,1949年后把全部精力投入到《三国》一书,姜老的《三国》熟读原文,对人物、事件评论得当,在表演上神完气足。其艺术上的最大特点是“口功”最佳,他的音调可用“爆、脆、美”来概括,其讲述过程犹如江河直下,令人振奋。他最擅长使用评书中独有的一种艺术手段“赞赋”，对《三国》原文中的书信、檄文等也悉数以赞赋形式呈现给观众。姜老每用一赞赋，用毕观众必报以热烈掌声。

1949年前，顾存德久占谦德庄一书场，姜存瑞久占地道外一书场，师兄弟各为天津东西两个游艺场的两杆大旗。1949年后演员调动较频繁了，后来演长篇书的是一个季度一换演出地，由有关部门负责安排(1949年前演员换地是五月节、八月节和春节为时限，北京则是两个月一换)。在这种情况下，顾、姜二老就难免被分配到同一游艺场同一时间分别在两个书场演出。20世纪60年代初，这种情况出现了，那个季度姜、顾同时在南市东兴市场的两个书场演出，时间都是中场，即午后到晚饭这一阶段。

第一天演出前，姜先生提前来到顾先生的演出地，待等顾先生一到，立即迎上前去，问候师兄，然后再略叙寒温，快开书了，这才说：“师兄，快到点了，我先跟您告假，您辛苦吧！”顾先生也回敬道：“给家里人都带好儿。”这才分头演出。此后，就各自演出了，一直到最末一天演出结束，姜先生再到顾先生的书场，道罢“辛苦”，各自分手。

顾、姜每当遇到这种情况，必是如此。事情虽小，却不难看出老辈演员尊重师长，哪怕是师兄，也是不失礼仪，这种美德，我认为在新的历史时期，还是应当发扬的。

马轸华"被困台上"

马轸华，评书名家，早年为估衣街归贾胡同明顺昌肉铺职工，业余时间最喜聆听评书、相声，后来终于弃商从艺。此前他学了几段太平歌词，不时以票友身份在鸟市相声场子演唱。20 世纪 30 年代太平歌词在天津极为红火，学唱者也很多，这一曲种原来唱法颇为单调，经王兆麟改造，大受欢迎，故学者甚多。

马轸华先是被张寿臣收为师弟，艺名马寿岩，在天津各相声场地演出，多说单口，和尹寿山合说的时间较长，也曾到外地演出，业务平平。约在 20 世纪 40 年代初，他又投在评书名家常杰淼(《雍正剑侠图》一书的编纂者)门下，常老此时已去世，由其弟子蒋轸庭收为师弟，更名马轸华。马轸华擅演中短篇评书(内行称为"八大棍儿")，而其名震书坛的主要原因，是他说演的《沽上英雄谱》，俗称《混混论》一书。他说书走红后，几乎每天场中听客如云，如果晚场七点半开书，七点钟时差不多就满员了。他的书情节紧凑，神完气足，悬念迭生，十分抓人。有一次他在南市三不管黑记书场演出中场，时间是下午三点到六点。当年一般书场每天演三场，白天演两场，一为早场，多为一点开书，演至三点或三点半，然后再接中场，演至六点或六点半，晚场则七点半左右开书至晚十点半。好演员一般都是中场或晚场。还有的书场在中场散场到晚场开场前有一个半小时的时间，也有演出，谓之上“板凳头儿”，多为刚出艺的青年演员作为实习锻炼演出，收入当然不会太多，因彼时正是晚饭口，观众少。但也有例外，比如相声大师张寿臣，也是评书门儿的人，寿老也上过“板凳头儿”，但观众踊跃，收入不菲。此无它，艺术赢人也。

再说马轸华，那天他上的一个段子，到结束时，观众说什么也不叫他下台，还要他继续说。为什么呢？在此不得不稍费些笔墨把他说的这个段子稍做介绍。

在京津之间有一大镇甸，即河西务，河西务有一户张姓人家，老人已过世，家有三子，兄弟、妯娌之间感情甚好，所以一直没分家，家境也很宽裕，有百十亩好地，在天津城里户部街还开着一个杂货店，不光卖油盐酱醋，还卖粮食，年年都有二百多两银子的盈利。不过平时这个买卖由一位刘先生负责，刘先生和老东家是老东老伙，对张家的买卖十分尽力，所以张家哥儿仨对刘先生特别放心，只是每年快大秋了，张三爷到卫里来一趟，看看柜上情况，住几天再回家。老大、老二都成家了，得照顾家里的事，三爷没成家，又念过几年书，说话做事也比俩哥哥精明，所以柜上的事就交给他了。

这年张三爷又来天津了，骑着家里的一头驴，这头驴张三爷特别喜欢，家里有骡子有马有大车，三爷下卫就骑这头驴，小黑驴，毛儿又光又亮，四个小白蹄，特别灵。

从家里出来，其实离卫里不过一百二十里地，三爷到杨村还歇了一夜，转天下午才到天津柜上。

柜上人怎么接三爷，就不细说了，柜上有个后院儿，北房三间，专门给三爷留着每年到天津住，院里其他房间都是货房。

转天早晨刘先生问三爷："老三，叫柜上给你预备早点。""刘叔，甭叫他们忙活了，我出去遛遛，有早点铺我随便吃点什么都行。""也好，有零钱吗？""有。"

三爷漱洗完毕，出了柜上往东就下去了，走了没有几步，一瞧，路北有个豆腐房，三爷心说，去年还没这个买卖了，甭问，新开的，进去喝碗豆浆，再吃俩馃子。想到这儿三爷就进店了，铺面不算太大，里面也就是五六张桌子，靠西有个大灶，冒着热气，正煮着豆浆。三爷找个座儿刚坐这儿，过来一位长者，五十岁左右："爷台，您吃点儿什么？"一边儿说，一边儿拿抹布擦桌子。"来碗豆浆，来俩馃子。""唉！""有茶鸡蛋吗？""有。""再来俩茶鸡蛋。"工夫不大，东西都上来了。"爷台，爷台……"掌柜的叫了两声，三爷没搭碴，怎么回事？三爷俩眼发直，正盯着盛豆浆的一个人了。敢情这主儿是个大姑娘，有二十上下，长得挺好，看意思干活也挺麻利，三爷净顾看姑娘了，人家给他送早点来，他压根没听见。这位又叫了一句："爷台！"这句音儿大点儿，三爷才缓过来，他也觉着不好意思,只得应付一句,“放这儿吧!”从这儿开始,三爷每天必到豆腐房,一连十几天,柜上也纳闷儿,怎么三爷每天都喝豆浆,不改口儿,馄饨、煎饼馃子全不吃,以前没这样儿啊。不说三爷是每天有意而去,豆腐房掌柜的也纳闷儿,这位先前没来过,从头一天来,到如今,十多天了,没缺过勤。您想,人家是五十几岁的人了,什么看不出来,心说,这位必不是为了喝这碗浆子,恐其有别的想法,就连那个姑娘也发现了,怎么这位每天准到呀!想到这儿,就保不齐总往三爷这儿看。三爷这俩眼光盯着姑娘,所以经常是四目相触。姑娘心说,这主儿外表还真不错,到这儿来也没有一点儿不端举动,总之,印象不错。转眼之间张三爷到柜上可就二十几天了,往常最多住不过十几天就回家,这回一住这么多日子。当然,买卖是张家的,人家是东家,谁也不能提别的。不过刘掌柜跟老掌柜有交情,看着三少爷长起来的,他心里最有疑惑,就问三爷:“老三,多咱回家?”“我打算再过些日子。”“爷们儿,我也不拿你当东家,你也没拿我当伙计。”“刘叔,您这是什么话,我拿您当老家儿看,您怎么说这话?”“对!你说这话我信,所以才跟你有嘛说嘛,你是不是有什么心事?”刘掌柜来个单刀直入,张三爷不得不说实话了,把心事全盘托出。刘掌柜一听,知道老三还没成家,原先有人保过媒,高不成低不就,现如今二十好几了也没成家。刘掌柜听到这儿点了点头:“这样吧,咱们烦个人打听打听女方,这是婚姻大事不能马虎,这事儿包在我身上。”刘掌柜烦人一打听,女方就是三口人，老两口一个闺女，老老实实买卖人，姑娘疼老爹，就帮着一块儿料理这个小买卖。打听明白了，刘掌柜亲自出头把这事跟女方一提，女方也挺满意，这事儿基本定下来了。刘掌柜知道，老三的婚事自己拿主意，可是也得跟大爷二爷说。刘掌柜亲自跑一趟河西务，跟大爷二爷一提这事，全家挺高兴，马上给老三准备好新房。

所有的花销，都是男方出的，日子富裕呀！日子也订好了，打算先在柜上后院成婚，然后再回家，豆腐房也甭干了，岳父岳母都由老三供养。其实豆腐房离柜上也就几步，那也得花轿抬过来。

成亲这天张三爷做的新衣裳。媳妇儿呢，一身儿粉色裤褂，红缎子龙凤绣花儿鞋。三爷在柜上后院儿静等着三奶奶过门呢，就听外边吹吹打打，那大锣敲得挺响——“哐”。三爷心里高兴，“洞房花烛夜，金榜题名时”，人生大喜事，今天柜上也没营业，同仁们光忙活喜事呢，连三爷跟前也没人侍候了。三爷也不挑，知道柜上人都忙别的事顾不上他了。等了半个多时辰，花轿没到，一个多时辰，花轿还没到，三爷有点儿起急了，心说怎么还没来呢？那个锣音儿啊，也越来越小了。三爷心说这是怎么回事？想找个人问问，跟前又没人，正在张三爷着急之际，有个店里伙计跑得满头大汗，气喘吁吁：“三爷，三……她……三……”“怎么回事！”“三奶奶她……过去了……”“上哪儿去了？”“死……死了！”“什……什么！”张三爷一听这话当时是五雷轰顶呀！把自己的婚服一脱，赶紧换上平常衣裤就跑出去了，到豆腐房一瞧，人真不少，连道喜的，带街坊邻居，把屋子都噇满了。刘掌柜一瞧三爷来了，赶紧过来了："老三，千万别着急，这也是命，世界之大无奇不有啊！可不许你急个好歹儿的！"刘掌柜一来岁数大，懂得也多，二来也有这个交情，他怕老三出点儿意外，叫伙计看好了三掌柜。到这儿张三爷一句话也说不出来了，真应了那句话啊，命！大家伙好劝歹劝把三爷稳当住了，姑娘爹妈这哭啊！能不哭吗？旁边儿还站着刚请来的大夫啦，人家不能白来呀！这是出诊，人没了也不是人家责任，大夫刚进门儿，三奶奶就没了，人家要回去："刘掌柜，没什么事我要回去了。""大夫，您多辛苦了。"刘掌柜吩咐上柜上给大夫拿出诊费。

简短截说，喜事变丧事，当时到北门里震记材厂拉来一口柏木十三圆，装裹就是那身儿结婚礼服，粉红色的裤褂。三爷对着死尸看了又看，刘掌柜直劝："她年轻轻，入了殓，别停的日子太多，热死热埋吧！"附近有个废旧的尼姑庵，把棺材暂时停放在这儿，过些日子再运到河西务，入张家祖坟。

当时刘掌柜也派人到河西务跟大爷、二爷说明事情的变动。

张三爷定亲时给买的金簪子、金耳环、金戒指和金手镯全戴上了。

一切安排停妥，三爷心情郁闷至极，众人劝他往开处想，三爷只得点头答应。三爷本想在店里再待几天，可是当晚决定，在这儿待着更别扭，干脆，明天就走，杨村有个朋友，在那儿待两天散散心。

转天三爷吃罢早点，跟刘掌柜把事情一说，刘掌柜只好依着三爷，从柜上又拿了五十多两银子，把驴备好，奔杨村。在杨村待了几天得回家呀，三爷这一道儿上怎么着也放不下三奶奶。从杨村奔家，天近黄昏快到家了，正走到一片棒子地，庄稼长得挺好。这时候三爷忽然觉着起了一阵风，还有点儿发冷，脊梁沟好像还出点凉汗，再看这小驴儿，一阵嘶叫，俩前腿蹿起老高，差点儿没把三爷从驴上折下来。耳边厢又听棒子叶子哗哗直响，庄稼分别向左右一倒，出现一个空档。三爷举目观瞧就见从庄稼地里走出一人，是个女人，穿着一身儿粉红色裤褂，红缎子绣花鞋。“啊！这不是三奶奶吗！”

说到此处马轸华一拍醒木，到点了。再听前台书场伙计喊了一声：“众位明儿见！”这一下，观众“急”了！“马先生，不行，您老接着说！”“各位，我还得吃饭了。”“给您老买饭去，省事儿的，买点儿锅贴，说嘛也得接着说。”

马先生这个段子当时说得相当抓人，气氛渲染得也好，就是说“扣子”拴得太紧了。

这件事是邵增涛先生跟我说的，他当时在场。邵先生和李润杰为师兄弟，都是老辈评书名家张阔峰弟子，中华人民共和国成立后邵先生钻研新评书，曾是天津曲艺界的先进典型，可惜英年早逝，不到五十岁就去世了。

四大“书”家

此处所说书家,并非书法家,而是指的四位评书家。

在“三不管”最多的艺人,还得说是评书演员和演唱长篇西河的鼓曲演员。因为东兴市场是天津市一块书场阵地,限于篇幅,只介绍在当年最享盛誉的四位评书家,即陈士和、刘健英、蒋轸庭、马轸华。

陈士和,北京人,早年曾学厨艺,业余时最爱听书,尤喜《聊斋》,终于在辛亥革命后叩拜张智兰先生为师,正式下海说书。当时说《聊斋》者,多为照本宣科,实际上是以白话口语转译原文而已。陈先生则对该书精心进行了二度创作,对人物刻画、气氛渲染、人物语言、细节描绘、风土民情、典故使用以及表演上的人物功架造型,都进行了大胆改革,这是与他的博采众长和艰苦努力分不开的。演出后,震动书坛。

20 世纪 20 年代中后期,正巧津沽名流孟广慧赴京,看了陈士和的演出后,认为陈是书坛杰才,回津后力促书场经理李某请陈来津。就在 1927 年,陈先生献艺津门,结果一炮打响,观众认为他说的书在说、评、表、做等方面诸美并具。其听者之广，上至达官显宦，下至贩夫走卒，无不赞誉。中华人民共和国成立后他参加了电影《六号门》的拍摄，扮演老脚行头子马八辈，留下了一份可贵的声像资料。

刘健英先生也经常在“三不管”演出。刘先生出身高门，因喜爱听书，乃拜陈士和先生为师，是陈老最得意的门生。因具有相当高的文化底蕴，其艺虽宗陈老，却能根据本身特点，对《聊斋》一书在表演上发挥自己的独特风格，绘景、状物、摹人、叙事自有其章法，尤其语言运用，生动活泼、风趣幽默兼而有之，每次演出场内气氛之热烈，他人难及。可惜刘老身体总是不太好，后来疾病缠身，在 1955 年去世。爱徒之殇使陈老精神上深受打击，不久陈老也于是年仙逝，一对说演《聊斋》的师徒巨擘，从此消失于书坛。

蒋轸庭，也是书坛名将。当年有两部长书风靡于北方书坛，一部是由张杰鑫编创的《三侠剑》；一部是由常杰淼先生编创的《雍正剑侠图》。蒋先生是常先生的入室弟子，他不但继承了常先生的技艺，而且又编创了一套《后部剑侠图》。张杰鑫、常杰淼长年在天津作艺，由此也进一步说明，天津是名副其实的曲艺之乡，因为从天津培养出的北方曲艺各个说唱曲种的一流演员真是数不胜数，而“三不管”又是一块曲艺阵地。再说蒋先生的评书，他的表演特色是悬念迭出，语言犀利且妙趣横生，他的“书外书”更是集知识性、趣味性于一身，极受听众欢迎。他还曾在报纸上以“蒋介磊”为笔名，连载长篇评书，并且还自创过《三津报》，专载评书。

中华人民共和国成立后蒋先生参加了红桥区曲艺杂技团,《剑侠图》被禁演后,他曾演出过《清宫秘史》《大红袍》等书。

退休前他曾在团里做过一次内部演出,节目是《红旗谱》中的一个片段——“朱老巩护钟”。书的结构布局丝丝入扣,尤其对朱老巩的侠肝义胆、豪爽正直和冯兰池的骄横歹毒、阴险毒辣刻画得栩栩如生,令台下这些演员、听众发出由衷的赞叹。

马轸华的代表作是最具天津特色的评书《沽上英雄谱》,此人是蒋轸庭的代拉师弟,下文还将详述。

马轸华,前文曾有简单介绍,现在再细致地谈谈。他出身贫苦,少年丧父,十多岁时在估衣街归贾胡同明顺昌肉铺学徒。业余时最喜听评书、相声,听完后经常自己练习演说,后来和相声场子的演员交了朋友,有时以票友身份说上一段。因是票友,观众多给予鼓励性的掌声,这无形中给了他以此为业的决心,最后终于投身相声行业,艺名马寿岩。

马寿岩入行后既说相声,又唱太平歌词。最早的太平歌词唱法极简易,经王兆麟改造,旋律较前更为动听,一时之间天津街头巷尾经常能听到学唱《劝人方》《罗成算卦》的,不少相声演员也兼唱太平歌词。但太平歌词红火了没有几年,终因其唱腔旋律无突破和改进,又渐趋没落了。此时马寿岩业务上也属平平,不过他较擅长说单口相声。据说后来他结识了一位混迹于书场的人,此人绰号“沙酒壶”,对清末民初之奇闻轶事知之甚多,经常与之交谈,马寿岩乃有心人,把听到的故事性强的东西加以增改删移变成了中短篇评书说给听众，效果甚佳。后来根据他本人所知又参考了戴愚庵的长篇小说《沽上英雄谱》，就以评书形式演出了这部书，俗称《混混儿论》。马寿岩又被蒋轸庭收为师弟，入评书门后，艺名为马轸华，正式以评书演员身份演于各书场，而“三不管”是他的主要活动场所之一。此书一演立即轰动津门，每天听者如云，马轸华也成为最走红的评书演员之一。笔者认为，《混混儿论》是一部主题和内容较为复杂的书目，不过中华人民共和国成立后此书被禁演了。马轸华又改演了《水浒》，后于 1954 年病故。

评书二老于南市曾做示范演出

20 世纪 60 年代初，北京老评书家陈荣启先生被邀请到南市东兴市场内振兴书馆演出，令天津观众大饱耳福，业内人员也多前往聆听。

陈荣启原为相声演员，原名陈桂林乃范瑞亭之徒，属相声门内第四代，与马三立、张寿臣平辈。当时他由于家境贫寒投身此业，但对相声段子中的某些伦理哏极为反感，经常慨叹："说相声的总拿自己的祖宗三代、妻儿老小抓哏，唉！"难怪，陈老本性乃方正之人，但为了养家糊口干了这行，真是万不得已。但是当年的相声类似的段子又较多，这也是时代造成的。有一次陈老捧哏，逗哏的说："咱来个《牛头桥》吧！"这段内容是说捧哏他妈嫁给逗哏的了。陈老一摇头："换一段儿吧！""上《反七口》吧！"这是一段捧哏给逗哏当儿子的事，从计算家庭人口中找笑料。陈老一皱眉："再换一段儿吧！"逗哏的也有点儿着急了："说相声的你别当真，你要是这也不说那也不说，干脆，别干这行！"陈老一甩袖子："不干就不干！"自此，陈桂林改学评书，拜群福庆为师，易名陈荣启。他的《精忠说岳》最精道，在书中褒忠贬奸、惩恶扬善，时刻不忘要以评书起到教化的作用。

陈老和张寿臣先生最称莫逆。早年，张寿老因生活中种种挫折，心情郁闷，遂染上嗜好，以鸦片烟麻醉自身。陈老知之不时规劝，令其速速戒掉，言之以理，动之以情，出言发自肺腑，述理言之切切，说至动人处，二人几乎涕泗相流，真诤友也。

天津曲艺协会趁陈老来津之际，又烦请长春评书前辈固桐晟先生来津，固老早年献艺京、津，后落户长春，担任此地曲艺团长。固老以《清宫秘史》一书享誉书坛。固老原为满族，且属上三旗，先祖据说也为清宗室，不过清末民初其家早已败落，竟使后辈沦为艺人。此情非固老一家，京剧界程砚秋、尚小云、奚啸伯、言菊朋等其祖均为达官显贵，但沧桑陡变，时运难料，他们也成为艺人了。

由于固老系旗人，自少时从长辈，包括亲属口中，耳闻诸多清宫之事，又参阅一些文字史料，乃编纂出《清宫秘史》一书。此书可说既多奇闻，又有史实，实为一部优秀作品，可惜没有留下全部的影、声资料，据我所知，只有一篇《泥打西太后》(可能是此名)存世，真可谓追悔莫及。

当时天津曲协请来固老后，乃和陈老在东兴市场一大茶社做了一场内部观摩演出。是日津门曲艺工作者几乎全部临场观摩，陈、固二老分别演出了《精忠》和《清宫秘史》片段，受到了观摩者的极大欢迎，是否录了音，我已忘记(那时尚无录像)，即使有录音，经过近六十年的漫长岁月究竟尚存否，也不敢说了。

后来小蘑菇(常宝堃)得拜张寿臣也系陈荣启介绍。因陈和宝堃之父常连安系结义弟兄,张同时收常连安为代拉师弟;而固桐晟之侄赵佩茹能与常宝堃结合,又是常连安慧眼识人,且佩茹之父赵希贤,也为戏法艺人,和常连安也为结义弟兄,彼此相知非只一日,宝堃、佩茹结合,可谓黄金搭档,红极一时。

袁阔成南市献艺

袁阔成先生十几岁时即登台演出，这是他迥异于其他评书演员之处。你道为何？因过去评书演员没有“坐科”学艺之说。当年表演的都是长篇评书，一部书总要连续说上两三个月乃至更长，每天要说两三个小时，没有固定台词，所说内容除故事情节外，还要夹叙夹议。评书之“评”主要体现于此，至于评得质量如何，则要看演员的文化水平、社会阅历和各方面的知识而定。另外，演员还必须有驾驭语言的功力，这些要求对于一个青少年来说是有些困难的。所以从事评书工作的人，绝大部分都是在社会上工作了一段时间，具备了一定的知识和社会阅历，而且经年听书，有了相当的语言表现力，掌握了一些书目的主要情节，因过于喜爱评书才正式拜师从艺。于是，大多数评书演员，包括名家，皆属“半路出家”。据我所知，蒋轸庭、顾存德曾充茶役，边豫棠绱鞋出身，姜存瑞曾为木工，也有一些落魄文人仕途无望而投身此业者。

袁阔成却是例外，其父辈三兄弟皆为评书名家，他自幼即每日出入书场，听父辈讲书，所接触者也多为评书艺人。他自幼聪明伶俐，体型壮美，眼大有神，且好练习拳脚，故十几岁即能演出。虽为锻炼演出，却颇受好评，观众赞其“天生一个说书材料”。父亲去世后，他经过短时间的准备，即正式登台演出，拜金杰丽为师。他的看家书（术语谓之“底活”）为《施公案》，为其家传。甫登书坛，即成闪亮之星，深受欢迎。他十八岁在唐山说书，到开书时已座无虚席，书场只得插门，以此婉拒迟来之客，可见其红火程度。

新中国成立后他倾其全力研究新书，是北方评书界说新书影响最大的一位演员，所取得的成就世所公认。尤其“文革”前他所表演的新评书小段，有的段子很短，不过几分钟，而语言之精练、形体之漂亮、情感之饱满，均达到完美境界。

1962 年，袁先生应南市振兴书场之邀，由营口来津演出，轰动津门。每日场中宾客如云，其中文艺界人士也占相当比重，我就好几次看到相声界前辈赵佩茹在场。赵老极喜爱评书，他本人也说过，遇此机会怎能放过？故得暇便来听书。

袁先生住在南市胜利旅馆，每天屋中客人不断。先生尚义气，好交友，津沽评书、相声两界友人尤多，故屋中总是烟气腾腾，因为烟友太多，每天他总要准备两条烟。当年袁先生工资在北方评书界算得上头一份，每月收入近二百元，按说应该生活无虞，但实际并非如此。虽说不至于家无隔宿之粮，却也绝不富裕，钱呢？多被他交友请客了。说来有趣，这次来津演出，袁先生连演出服都没有几件，他体型和西河大鼓名弦师王连凯相仿，从连凯处拿来几件就倒换着穿了，这大概是先生平时出手过于大方所致，今日想来足堪一哂。

邵增涛和于枢海

在天津评书界，有两位不可忘记的评书家——邵增涛和于枢海。

他们对曲艺事业的最大贡献是，自新中国成立后基本以表演新评书为主。为了演好新评书，他们刻苦钻研、拼搏向上，并深入生活，学习创作。在发展新书道路上取得了良好的成绩，得到了领导和广大观众的赞誉。

邵增涛（1925—1973），原名邵田柱，是西河大鼓艺人，1949年拜评书老艺人张阔峰（也为李润杰之师）为师，改演评书，曾演出《三侠剑》，并和西南角赵家窑书馆经理何某共同编纂了《吕四娘刺雍正》，此书主题以及人物和《雍正剑侠图》反道而行，演出效果极好，收益颇丰。1953年，有关部门禁演了一部分评书，包括《三侠剑》《剑侠图》《混混儿论》等。演出这些书的艺人绝大部分改演了《三国》《水浒》《隋唐》《包公案》等传统书，而邵先生却选择了表演新评书，并一直坚持说新创新的从艺原则。他创作的《大闹铁路局》片段《红色跤场》曾在刊物发表，在演出中也颇受好评。他曾是河北省学习“毛著”积极分子，是当年天津曲艺界标杆人物。“文革”前他改编的《桥隆飚》曾被许多评书演员采用。1973 年，邵增涛因患肠梗阻引起并发症去世，时年未至五旬，令人嗟叹。

于枢海（1921—1988），原系商人，少年时即爱听评书，日本投降前后，在塘沽结识邵增涛，曾向邵演说过一段他听过的评书，邵大感惊奇，认为他极具说书天赋。日本投降后，他终于弃商从艺，叩拜评书名家马轸华为师，演说《沽上英雄谱》（即《混混儿论》）。于先生可谓是出马即红，他的评书语重声沉、言辞犀利、“包袱”迭出、结构严谨，极受听者欢迎。1953 年，《混混儿论》被禁演，此书当时被冠以种种恶名，但今天若以实事求是的态度来衡量，也许会得出一个比较全面、公正、客观的评价。《混混儿论》被禁后，于先生一心扑在对新书的研究上。他演的新书题材广泛，既有“反特”的，如《羊城暗哨》；又有抗日的，如《铁道游击队》；1958 年他还创作并演出了《战斗在天穆村》。“文革”后，于先生重返书坛，焕发出第二个艺术青春，所演种种书目均极受欢迎。天津广播电台文艺台为他录制了《大刀王五》，谁料录制中途，于先生竟患喉癌，当时大夫建议立即手术，以人造喉管代之，可保生命无大碍，只是发音较困难了。于先生当即决定保守治疗，不动手术：“我是个评书演员，评书是我的生命全部，倘不能讲话，空留此身有何意义！”就这样，虽重病在身，他却克服种种困难，以坚强毅力圆满完成《大刀王五》的全部录制。而此时的他，已接近生命尽头，尽管遍请一流医家，也无可奈何了。1988

年 2 月 6 日，一位评书俊才，魂归道山。而他的《混混儿论》一书，也作广陵散矣！

于、邵二君生前主要演出于河北鸟市和六合市场，也曾在南市演出。

与孟祥光合说对口评书

20 世纪 60 年代中，当时全国舞台上再也见不到帝王将相、才子佳人的任何节目了，即便是被中国文学史列为优秀古曲小说，如《三国》《水浒》《红楼梦》《聊斋》等改编的戏剧、曲艺也统统被赶下舞台，完全说新唱新，即使是新节目，也要有所选择。有些新创作的小说、电影等也遭到不同程度的指责和批判。

但是，当时各艺术团体还要每天演出，这就给各团带来极大的困难：演什么呢？尤其是相声，当时能说的相声没有几段；至于评书，每场只有十几个听书的，这总算能开书了，而“坐白”现象也时有发生，所谓“坐白”就是没有一个观众入场，演员只得“打道回府”。

当时邵增涛先生曾改编一部《桥隆飚》，演出后较受欢迎，有不少演员前来观摩聆听。和平区曲艺团有一位老演员叫马正明，听罢此书后在书场演出，观众较多，我记得他在场上曾说：“这得感谢邵增涛老师，咱是跟人家学的。”另外，红桥曲艺团有一位贾鸣霄先生，是评书前辈于枢海老师的得意弟子，专攻新书，他演说的《红岩》，以情节紧凑、语言流畅深博听众喜爱，评书名家顾存往弟子冯玉春和鸣霄过从较密切，深受启发，加之玉春参阅各方面史料较多，对《红岩》一书也自有其可圈可点之处。

我比以上几位师友则差得很多，有一次团里分派我到东兴市场振兴茶社演出，为了使观众能稍多一些，忽然想起，当时孟祥光这一期没安排上业务，于是向团里提出，能不能让我俩说一场对口评书，台上既有些新形式，演出上也可以互相刺激，有利于业务。团里同意了我的要求，这样，我们的对口评书就在南市振兴书场和观众见面了。

有些人认为孟祥光不是和魏文亮合作，是相声演员吗？不是的，他最早是评书演员，拜邵增涛先生为师，艺名孟开荣，但他一直以本名演出，二次重返舞台后拜王世臣先生为师，与文亮先生合作，他们可称黄金搭档，所演节目颇受观众欢迎。

我俩合说的评书，基本上都是先有个细提纲，书中情节就顺着这个结构延续下去。其实在说演中即兴成分占有很大比重，即所谓“书外书”，当然，两人多以“包袱”取胜，对书中反面人物可以尽量讽刺鞭挞，有时还牵扯到甲乙二人，实际上和有故事情节的相声差不了多少。那时我们才二十多岁，根本谈不到艺术水平，只是仗着年轻气盛有胆子，脑子也灵活点儿，居然上座不少。足有六成左右，这在当时来说已属不易，不过今天回想起来，也是当时的环境造成的这种局面。

其实，早在 1958 年，评书名家蒋轸庭、于枢海和西河大鼓名家艳桂蓉就曾在鸟市游艺场。三人在万恒茶社合演过新评书颇受观众欢迎，此为书坛一桩轶事，故记之。

第二编
老南市的艺坛往事

在七十多年的岁月中，我在南市所闻所经的事确实不少，今将自认可记录十数端，每篇小文都有它的一点含意，读者读罢自会了然。

白云鹏突然早到剧场

白云鹏，京韵大鼓刘（宝全）、白（云鹏）、张（筱轩）三大流派白派创始人，他早年以说演长篇书为主，后来主要唱短段，以适应曲艺场所之需要。

白云鹏的嗓音天赋并不是太好，缺少脆亮之音，但较宽厚丰满，中音区尤其醇美。当年刘宝全以天赋佳喉、脆亮甜美的音色深受欢迎，加之他又学过京剧，“刀枪架”他人莫及，可说是京韵大鼓的全才演员。在清末民初京津地区有“艺坛三杰”之称（即京剧大王谭鑫培，评书大王双厚评，京韵大王刘宝全），可见其声势之盛。而张筱轩气力充沛，实大声宏，也具相当号召力，但后来筱轩却逐渐没落，不过刘宝全却始终“统治”曲艺舞台。

白云鹏的难能之处在于刘宝全已经在享大名的情况下，却根据自己的条件扬长避短，另走他途，形成了以声传情、柔媚凄婉、说唱结合的白派唱腔，令人百听不厌。最后白云鹏竟和刘宝全分庭抗礼，在京韵界并称一时瑜亮。

在前辈京韵大鼓演员中，白先生的曲目最丰富，尤其在《红楼梦》一书中，演出了许多唱段，如《黛玉焚稿》《探晴雯》等，都是白派的经典之作，传唱至今不曾衰败。当然，他也演唱《三国》段子，如《战长沙》《长坂坡》《白帝城》等（刘先生则以《三国》段为主，他一生演出的经典之作不过二十余段），尤其值得一提的是，白先生因有一定文化素养，并有强烈的爱国心，他以鼓板为武器，在各个历史时期，曾演唱不少激励国民的时事新段，如《维持国货》《改良劝夫》《劝各界》。20 世纪 30 年代，白先生在上海演唱了抗日鼓词《马占山血战史》和《一·二八之上海》等，极属难能可贵。

白老生于 1875 年，逝于 1952 年。他 1916 年已享大名，以后长期担任南市燕乐和天祥市场大观园戏院之“底角儿”。

在 20 世纪 40 年代中后期，有一年白先生在南市燕乐“攒底”，那天白先生八点多钟就到后台了，众人皆愕然。因为当时剧院散场较晚，最早也得十一点多散场，杂耍场的最后一场，总得十点多上场，演出时又不需化大妆，所以“底角儿”十点以前到后台，耽误不了事。白先生也是每日最早也得九点半以后到场，某日八点过就到后台，确实令人奇怪。于是有人问了一句：“白大爷，今天您怎么来得这么早？”“今天谭五爷来了，在前边包厢里，也跟我打过招呼，老朋友了，我得上前边问候问候，跟人家说会儿话，所以早来了会儿。”白老说罢走到后台下场门儿旁的楼梯，径直上楼，推开门到了前台二楼，直奔谭五爷的包厢。

谭五爷即谭小培，谭富英之父，小培在弟兄中排行第五，故业界都以五爷称之。谭家几代人都喜爱京韵，其实何止谭家，说来也怪，几乎所有京剧名家全都喜爱京韵，上自谭鑫培、杨小楼、余叔岩、梅兰芳、马连良、言菊朋等都对京韵情有独钟，每逢刘宝全、白云鹏、小彩舞、林红玉等到京演出，这些大师只要得闲，每场必到。他们还是很要好的朋友，梅兰芳对刘宝全尊敬有加，向他讨教过保护嗓子的方法，马连良对刘宝全也视为良师益友。吴素秋、侯玉兰（李少春夫人，名旦）、李玉茹（曹禺夫人）等都和小彩舞关系致密，互为“手帕交”。

不但京剧演员和京韵演员互有联系，即使乐师也如此，如王少卿（梅兰芳之琴师）、杨宝忠（马连良、杨宝森之琴师）也对京韵十分喜爱，他们常和刘宝全弦师白凤岩切磋技艺，王、杨二人还不时演奏京韵大鼓乐曲。细想起来，京剧、京韵所表演的东西有许多共同之处（不做详谈）。艺术的某些相通之处使他们很自然地交往，这一传统一直延续到今天。如天津杨派老生名家杨乃彭就不时演唱一段骆派京韵，甚得好评；而骆玉笙老师也不以大师自居，曾向乃彭讨教《击鼓骂曹》的击鼓之要领，彼此互相学习，取长补短，实为艺界楷模。

而白先生问候谭五爷更是体现出老一辈艺术家彼此尊重、礼数周到的美德，他们的为人行事确为后辈演员所敬仰，并应好好学习。

在此附带说一说，当年京剧演员和曲艺演员多有交往，彼此也有观摩演出，曲艺中的京韵、单弦、相声、评书和京剧演员交往尤多，这或许与他们所演的剧目和曲目有许多相似之处有关。比如京韵中《三国》段子较多而这些段子在京剧剧目中也都有，互相学习也就不足为奇了，当年京剧演员家中有喜寿事，上个小堂会，多请曲艺演员。有一次我看望谭元寿先生，闲谈中他说；“您瞧，我这床头前，差不多都是骆（玉笙）老师的录音带，越听越有滋味。”天津京剧院花脸演员张韵啸先生，一见到我就说：“兄弟，得闲你上我那儿去，我给你说说身上。‘起霸’‘走边’刀枪使法，台上用得着呀！”这是韵啸兄对我的关照，而他本人对评书、相声也极喜爱，不止一次和我提：“得机会你给我捧段《卖布头》，我真爱这段。”很遗憾，直到他去世，我们哥儿俩也未能说上这段。京剧演员喜爱曲艺这一传统一直延续到今天，比如天津京剧院“马派”传人、著名老生演员魏以刚先生对曲艺也可说是一位十足的内行，且和曲艺界同仁关系至好。

“庆云”改名“共和”：张春山首演

南市慎益大街南侧，西距南门外大街咫尺之遥，有一庆云戏院，建于 20 世纪 20 年代初。初建时经理名王少清，该院戏剧、电影都演过，但业务始终不太理想。40 年代初，汉奸恶霸袁文会攫取庆云戏院，命其亲信王恩贵、杨俊分别管理前后台。那时由常宝堃、赵佩茹和北派魔术代表人物陈亚南、陈亚华兄弟联合组织的剧团业务，收入很好，袁文会就令常、赵和陈氏昆仲组织的“兄弟剧团”长期在庆云演出，整场节目分为两大部分，前半场为曲艺，后半场为笑剧，曾演过《一碗饭》《陈查礼》《笨侦探》《八点半》《前台与后台》等。而曲艺的固定节目有佫（音郝）树旺的巧耍花坛，于德海、冯书田的古典戏法，沈君的口技，陈亚南、陈亚华的魔术和常宝堃、赵佩茹的相声，马三立、荷花女、秦佩贤也演过相当长一段时间，至于鼓曲，则无固定人选，不过以袁文会之势，想“邀请”或“借用”某演员，谁敢不来？

日寇投降后，袁文会以汉奸罪被捕，一直关押狱中，中华人民共和国成立后镇反时才被处极刑。他所掌握的庆云戏院是天津最早被收归的国有的剧场，并于 1949 年 10 月 1 日改庆云为共和戏院。

“共和”戏院开幕首演为张春山领衔的京剧团。张春山，自幼坐科北京“长春班”，与京剧名宿李洪春（红生泰斗）、张春彦（名老生，许多老生名角均向其问艺求教）、李春林（老生，界内官称李八爷，后专任梅剧团管事）等人为师兄弟。张春山出科后一直在北京各班社搭班唱戏，时在民初，他虽还年轻，但会戏甚多，笔者曾看过一张戏单，时在 1914 年名须生王又宸于北京吉祥园挑班，又宸乃谭鑫培之女婿，彼时风头正健，艺宗谭派，又得丈人指点，嗓子也好，很受听者欢迎，俞振庭给他挂二牌。振庭乃武生宗师俞菊笙之子，与杨小楼、尚和玉为师兄弟，后为组班能手，演出却很少了，当天大轴是王又宸的《奇冤报》，压轴是俞振庭的《水帘洞》，为其配演的就有张春山，另有何佩亭等。何佩亭后来长期为杨小楼配戏，艺术水平极佳，张春山既与何佩亭等为伍，足见其艺术很好了。可后来却离开京都，久在外地，据说在关外的时间较长。其所以不回京都，据老艺人所谈，只为一句话。当年，有一位剧界前辈，他对京剧中掺杂梆子之唱，颇不以为然。某次在梨园公会上，此老公然提出：“往后皮黄戏里不能唱梆子。”此语一出，众皆无语，因此老之话语具有一定的权威性，故无人反应。独春山，彼时年轻气盛，乃言：“照您这么说，《翠屏山》怎么算呢？”原来，京剧《翠屏山》一戏，剧中杨雄，以唱梆子腔较多，此已成定例，名净侯喜瑞演来最受称道。春山一出此言，那位前辈无言以对，众人也为张春山出言唐突而担心。春山此时也知一言祸出，未等散会即溜出场外，从此京都难觅张春山之踪迹。过去梨园行规矩甚多，以张春山一青年后生竟敢顶撞一前辈耆老实属鲜见，想在京城搭班唱戏，难矣！基于此因，春山只得在外埠厮混，业内谓之“跑帘外”。不过张春山确属另类演员，当年也曾名噪一时，还自己挑班。梨园常言叶盛章以丑角挑班可谓空前，而张春山其实也挑过班。另外，他还灌制了一些唱片，颇有特异之处。新中国成立前，他的唱片经常被一些商家播放，在我的记忆中，经常播放的是《兄妹顶嘴》。彼时唱片多有报片头者，有的别人报，有的自家报，张春山即属自报。我记得片头词是这样的：“我叫张春山，她叫筱桂花，我是唱二黄的，她是唱评戏的，今天我俩合唱一段《兄妹顶嘴》。”其特异之处就在于京剧演员和评剧演员合录唱片，实不多见。

“共和”开幕我本想去听，但当天我已买了李少春、袁世海在天宝戏院的《连环套》的票，故未得去，后来还是看了他一出《打面缸》。他的班中我记得有名小生姚玉刚，旦角韩慧梅，武生刘麟童，小花脸陈志华，老生靳霈亭等，《打面缸》前，还有《嘉兴府》《汾河湾》等。

而作为小花脸为主的一出玩笑戏竟能码列大轴，在京剧界也属异数哉！

马连良南市听戏的启示

天津市京剧团名净朱玉良先生曾和我谈及,20 世纪 40 年代初,他陪同马连良先生看了一出戏,在“第一舞台”。看罢戏,马先生说了一句话,令他终生难忘。

第一舞台,始建于民初,距今已过百年,坐落在南市东兴街,是南市地区出现较早的戏院之一,初名广和楼,因施工质量较差,没有几年便倒塌了,后在原地重修更名第一舞台,后又改名上光明。予生也晚,童年时在上光明看过一场戏,是武戏,因距今七十多年,剧名忘了,不过记得是真刀真枪,有一演员在台上还受了伤。

中华人民共和国成立后该院已拆除,建成一所小学(群英戏院斜对过)。当年该院主要演京剧,担纲者虽少一流名家,但艺术总要过得去,没有相当号召力的演员,院方也不会接你,卖不出票,怎能赚钱?那年马连良来津演出,乃携朱玉良到南市看戏。马先生在津原有公馆,即今新华路口外国语大学斜对过之疙瘩楼,20 世纪 50 年代初转售他人。他来津演戏得便既看他人演戏,实际也是观摩学习,而在津又多一项“任务”,就是看曲艺。

那天,他在上光明看了一场赵化南的《战北原》,此戏又名《斩郑文》,《三国》故事,说的是孔明和司马懿对阵,郑文诈降孔明,被孔明识破,遭斩,大破司马的故事,过去言菊朋、马连良都曾演出。赵化南当时虽然算不上一流名家,却也是比较著名的老生,经常献艺于京、津等地,有一定的人气。马先生看罢此戏后,散场时和朱先生说了一句话:“这出戏我唱不过麻子(赵化南面有微麻)。”此言一出,令朱先生大惑不解,随即说道:“您是马连良啊!”“我是马连良不假,马连良也不是万能,甭说我,打咱们老祖辈,大老板(程长庚)、谭老板、杨小楼杨老板,连这些位也不敢说什么都没挑儿。记住了,唱戏的,哪位都有特殊的玩意儿,都有一‘卖’,要不介,干得了吗?爷们儿,千万可别刚有点儿人缘就晕头转向,谁都有点儿‘看家的’,哪怕是‘旗罗伞报、院子过道、底包龙套’,也许人家有你不会的,甚至不知道的,怎么样?没别的,学!”马先生的一席话说明一个成功的艺术家,必然是扬长避短,博采众长,走出自己的艺术之路。类似的话,谭元寿先生也和我说过:“我父亲(富英)1947年看完孟小冬的《搜孤救孤》后,曾说,这出戏往后得‘挂’起来了(即不唱了)。”谭先生原来经常贴演此戏,但孟小冬得自余叔岩真传,谭先生认为这出戏唱不过孟小冬,所以才有这话,其对艺术标准之衡量和马先生如出一辙。这是艺术大家共有的一个认识。

从南市走出的京剧名净朱玉良

在京剧行当中，有一谚语“一净难求。”净，大花脸，净行粗略分为两大类：一为“铜锤”，一为“架子”。“铜锤”以唱为主，“架子”以念做为主。所以称为“铜锤”，或曰《二进宫》中之花脸徐彦昭，怀抱铜锤自出场到剧终始终不离其身，而此剧又纯以唱为主，几乎没有什么大动作，故凡以唱为主的花脸角色即以“铜锤”称之。包公戏均为铜锤应之，而“一净难求”，愚意主要指“铜锤”而言，因为这种角色第一条件是嗓子好，要声若铜钟，宽高厚亮兼而有之，过去金少山可称标准铜锤，其嗓音有唱片为证，诸君听之可知予言不谬矣，而这样好的嗓子实在不好找，故有“一净难求”一说。多年前，戏剧专家朱文相先生（其祖父朱启钤乃民初政坛要人，曾任交通总长及内务总长，后搞实业，又系著名收藏家；文相岳父乃四小名旦之一宋德珠）曾在中央电视台连续播讲京剧知识，内中曾讲到各行当中的著名演员，在“铜锤”一行当中，朱玉良名列其中，可见朱玉良被业界视为全国著名京剧演员。

朱玉良，天津生人，其父朱寿山初业西餐厨师，为人精明，善经商，早年曾和天津“电影周”创业人周紫云合营一西餐店，业务很好，不料未几竟遭回禄之灾，朱复经营澡堂业，最后经营聚华戏院。该院建于民初，坐落于南市荣业大街，初名“华乐”，本是“落子馆”，演唱者多为妓女。南市乃娼寮麇集之地，类似华乐者在南市尚有几处，这些唱手（妓女）通过唱些戏曲片段或杂曲，意在招揽嫖客，她们不取园方之资，园方所有收入均归自己。朱寿山经营后，改称聚华戏院，是一个正式剧场，主要演出京剧、评剧、梆子等，后来以评剧为主。许多评剧名家均在聚华演出过，享誉剧坛的新凤霞也是从南市聚华出艺的。她敏而好学，极具演剧天才，新中国成立后到北京演出，很受欢迎，后又与戏剧家吴祖光结为连理，从而得识许多文界名人，如梅兰芳、齐白石等都对她加以指导终成一代大家。所拍电影《刘巧儿》《花为媒》已成经典。

朱寿山的两个儿子，长子玉良，次子玉清，因受环境影响，自幼均喜戏剧，进而又学京剧，后玉清未入戏行，而玉良却成京剧名家。

玉良天赋好，嗓子既高且亮，善唱花脸，本想拜第一名净金少山为师，因故未得如愿，转而拜了花脸名宿刘砚亭为师。

刘砚亭，业内均以刘八爷称之，他是清末民初架子花脸王牌钱金福之入室弟子。钱金福之技艺业内外皆服膺，谭鑫培、杨小楼、余叔岩均得其辅弼，为他们的演出大为增色，架子花脸功架之美，可称魁首。晚年金福很少登台，因之刘砚亭得以向老师求教，钱也悉心教刘。砚亭年轻时嗓音很好，后来稍差，因之在架花上更加专注，因得老师亲炙，故其架花之艺颇出人头地。谭富英中年时所演之《定军山》《打棍出箱》《空城计》诸剧，砚亭配以夏侯渊、煞神或葛登云、马谡等角色，均收到良好的艺术效果，砚亭晚年乃傍杨宝森。

朱先生自幼在南市诸剧场中长大，观摩了不少名家演出，拜刘八爷后又得师真传，艺业自是猛进。入剧界后，除在津门演出外，又流动演出于大江南北，眼界更宽，所知更多。由于有一副好嗓子，其唱更受人欢迎。在我的记忆中，20 世纪 50 年代，他和谭派女须生王则昭合作，若贴演《大保国·探皇陵·二进宫》一剧必定满员。他和许多老生名家均曾合作，而最称心的合作者当是周啸天。

周啸天，天津人，艺名九岁红，出身于梨园世家，其父乃梆子名家。啸天幼承家学，主学京剧，颖悟至极，又承诸名家教诲，基本功扎实，唱作俱佳，后拜当年名老生吴铁庵为师，啸天代表作《夜打登州》即为吴亲授，此戏毫不夸张地说，直到目前，其致妙程度，无人超过。1937 年啸天与尚小云合作，在上海挂二牌，其时马连良也在上海，看罢周的戏非常喜爱，愿收为徒。后经梅兰芳、尚小云引介，周身入马门。但周之艺，不囿于马派。周其时已形成自己的艺术风格，他的戏，可以说出出精彩，唱念做打其均擅，艺术之全面，鲜见也。他曾和诸多名旦合作，后自己挑班。他挑班时，花脸一角，以和朱玉良合作最为得意和默契，啸天所演《打登州》《空城计》《清官册》《捉放曹》诸剧，玉良分别扮演杨林、司马懿、潘洪、曹操，可谓珠联璧合。他们曾在山东长期合作，至今，山东老观众，对周、朱之戏仍津津乐道，可以说红遍山东全境。后来他们又同时加入天津京剧团，杨宝森已故，啸天成为当家老生，而玉良则为当家花脸。玉良和张君秋也一度合作于北京，张君秋领衔任团长，副团长乃名老生陈少霖（青衣前辈陈德霖之子，余叔岩妻弟），而玉良挂三牌。

玉良十七岁时曾和谭富英配演《空城计》之司马懿，和奚啸伯在南市群英戏院也合作一段时间，而和杨宝森之首次合作最富戏剧性。那是在上海，杨宝森当时所唱《伍子胥》一剧最受欢迎，戏码贴出时间不长即告满员，不料，扮演王僚的王泉奎却因要事不能出演，急坏了院方和杨先生本人。若改演别剧院方经济上必受损失，若以别人充替泉奎，院方、宝森一时难选，若是别的戏还好说，此戏之难唱在于后面一场戏实际上就卖的是一出纯铜锤的《刺王僚》一折。当时泉奎之声望，以唱而论，除去金少山，就数王泉奎，以前裘盛戎之声望因种种原因虽艺术很好，但其舞台效果却逊于泉奎。在此情况下，泉奎想起玉良。玉良彼时也在上海，泉奎知道其嗓音极佳，乃向院方和宝森建议王僚一角由玉良承乏。宝森深知，泉奎既有此意，想必玉良可充此任，而院方却疑虑重重，表示后边的戏就卖花脸，如果宝森的戏一完，泉奎不上，另换他人，恐怕观众"开闸"，于院方名誉有损，影响以后的业务。泉奎乃言："我若无十足把握，不敢把我这个师弟举荐，若有任何损失，我来包赔。"话已至此，只得由玉良来替演了。结果效果相当好，从此，朱在剧界地位更上一层。在"抗美援朝"期间，上海曾有一场义演，杨宝森唱了一出《搜孤救孤》，剧中公孙杵臼由周信芳扮演，屠岸贾由朱玉良扮演，此也证明朱在剧界声望之重，不然，怎能陪两位京剧老生一流名家周信芳、杨宝森合作？

朱先生终生有一憾事，即未能与马连良合作。其实，马先生曾主动向玉良提出："爷们儿，哪天咱爷儿俩唱一出，就唱《清官册》，别的戏不唱。"马先生为什么单挑这出戏呢？原来就因为朱先生所扮演的潘洪，出场时的一副"对儿"，打动了马先生。此剧说的是奸臣潘洪之子潘豹设下擂台，不想被杨七郎打死，潘洪怀恨在心，后利用和辽交战以自己统帅之地位害得杨家父子命丧疆场，只剩下六郎一人（五郎出家）。六郎告御状，八贤王欲为杨家申冤，以自己的特殊身份迫使宋王将潘洪锁拿到京，后又调寇准审问此案。假设阴曹，潘洪招供，杨家冤情得伸。

一般演出，潘洪出场时念一副对儿："先前做事错，如今后悔迟。"而朱先生的这副对儿却是"潘杨结仇恨，至今未辨清"。马先生认为玉良这副对子合理些，如按原对儿来说，潘洪已知错，一动大刑必然招供，实际上潘洪内心并不认为罪责全在自己。因为我儿潘豹被害在先，我害杨家满门是为子报仇，这样处理可以更深刻揭示潘洪的心理活动，故颇得马先生赞许，才有和朱先生唱这出戏的想法。但这个计划未得实现，这是朱先生的憾事。

十年特殊时期，朱先生被下放到针织厂蹬三轮送货，但他始终保持乐观情绪，心中总是想：阴霾终将消散，朗日复当照空。后来果然阴霾尽扫，朱先生重回京剧团，他每日坚持练功，因他始终热爱自己的京剧事业，但十年迫害令他的嗓音再也不能恢复原先的样子了。回团后我曾看过他两出戏，一次在长城戏院陪杨乃彭唱了一出《清官册》，一次在中国戏院，大轴唱了一出《盗御马》。

此戏唱做繁重，彼时先生已届六十高龄，还坚持不戴胸麦，用本嗓演出。实事求是地说，先生此时的戏，比过去演的人物更深刻了，戏也更讲究了，但嗓子却大不如前了。因在20世纪50年代，他搭徐东明的班儿，我也看过他这出戏，那时嗓音又高又亮，“坐寨”的一大段西皮，就要下好几个“菜”来，而80年代的嗓子和以前委实不能相比了。

朱先生晚年为天津市艺术咨询委员会委员，生活无虑，精神愉快，寿享八十二岁。这位从南市走向全国的京剧艺术家，给天津人民留下无数美好的记忆。

曹宝禄南市一炮打响

单弦是北方曲艺的一个主要曲种，创于北京，产生年代较早，约在乾隆年间，初为旗人子弟凭清廷所发“龙票”在各地演唱子弟书，多为宣扬朝廷盛势，不取报酬，谓之票友。这一称呼沿传至今，即各剧种、曲种演员登台献艺，而又不以此谋生者皆称票友。

早期单弦演员均为票友，且多旗人，清末以降，旗人失去钱粮，多数人生活陷于困境，于是有的单弦演员只能“下海”谋生。据说第一位专业单弦演员名司瑞轩，艺名随缘乐，继之者有德寿山，此人文化素质较高，创作了不少单弦曲目，还能写相声，相声《洋药方》即出自他手。

近百年来，在单弦界形成荣（剑尘）、常（澍田）、谢（芮芝）三大流派。说来也怪，北方曲艺各曲种流派创始人多为男性，但各鼓曲之后继者，却以女性演员居多，如京韵大鼓三大派创始人刘宝全、白云鹏、张小轩均为男性，但此后活跃于舞台者，多为女性，如小彩舞、林红玉、小黑姑娘、小岚云等，男性很少，只有一白凤鸣较有名。金万昌为梅花大鼓第一王牌，其后则为女性演员多获佳誉，如花四宝、花五宝、史文秀、周文如莫不深受顾曲者欢迎。唯单弦一道，有名的男演员甲于女演员，除荣、常、谢外，曾振庭、谭凤元、王剑云、张伯杨、阚泽良、李延鹏等均系上驷之才。当然，这只是相对而言，女演员中也有出人头地者，如石慧儒，于女演员中可称翘楚，其嗓音之甜美脆亮，表演之舒展自如为业内外所尊崇，遂有石派之称。

曹宝禄（1910—1988），北京人，也为著名单弦表演艺术家，少年时曾学过京韵大鼓、梅花大鼓，后经白云鹏介绍拜师单弦名家金晓珊先生为师，以单弦演员身份登台表演。登台不久，即在京都获得声誉，他唱、表俱佳，但对艺术追求仍锲而不舍，曾受过刘宝全大师的教导，单弦三大流派的创始人荣、常、谢都对他有所教诲。他掌握曲种既多且精，同样对后学者他也热心指导，促其进步。比如魏喜奎，后来已是全国著名的曲艺家，是北京地方戏曲剧的创始人之一，她所拍摄的曲艺电影《杨乃武和小白菜》全国瞩目，受到过周总理的褒奖。魏喜奎十二岁学艺，虽和曹先生为同辈，魏喜奎却始终以师辈之礼而待之，因为曹先生是她的引路人，魏喜奎学唐山大鼓就是曹先生的建议，就连魏喜奎这个名字也是曹先生给起的。

曹先生二十多岁已是北京曲艺场子的名演员了，在北京的曲艺场子中若没有“曹高”这两场节目，观众就不满意。“曹高”指的是曹宝禄和相声名家高德明，观众以糕点“槽糕”指此二人。

令曹先生遗憾的是，他已年届而立，还没到天津演出过。遗憾之说何来？曹先生说：“曲艺是生在北京，长在天津，凡是曲艺演员都得到天津挂号，在天津唱红了，得到天津观众的认可，你才能站得住脚，才算真有名气，然后你再到其他码头就不会出问题了。可以说天津是曲艺家荟萃之地，所以在天津最不好唱，你有一点儿毛病，台下就叫倒好，你如果唱得好，卖力气，再有独到之处，他们还是真捧，天津听主儿太懂曲艺了。”曹先生说的是由衷之言。1941 年，他受到天津燕乐的邀请和高德明的相声同时来津，此时曹先生的心情是喜忧参半，喜的是早想来津献艺今天夙愿得遂，忧的是这倘要是唱好了，能得到天津观众认可，将来对自己的事业发展会更有利，若唱黑了，就许打下五百年道行。也难怪，享誉曲坛的单弦大王荣剑尘都是两次来津无功而返，直到第三次，这才打开局面，从而走红。

曹先生第一天在燕乐的“打炮”曲目是《挑帘裁衣》。这是《水浒》中的一个片段，写的是西门庆和潘金莲的苟且之事，是单弦的一个传统曲目，许多观众几乎都会唱，越是这样的曲目越难唱，因为观众太熟悉了，得到观众的认可是不容易的。曹先生嗓音既好，在刻画人物上又栩栩如生，把西门庆、潘金莲、王婆三人的心理状态描摹得细致入微，夹叙夹唱，语言生动，且“包袱”迭出，一曲歌罢观众报以热烈掌声，可谓一炮打响。

此后，几乎每年他都要到天津演唱一个时期，南市的燕乐、群英、泰康商场的小梨园他都演唱过，也上过电台。

笔者于 1947 或 1948 年曾在群英戏院看过他的演出，同场者似乎还有魏喜奎。1949 年后他很少来津演出了，不过天津有他的传人，单弦名家兼曲艺作家张剑平先生的女公子张帼瑛，即为曹宝禄最小的一个徒弟。

另外，还有一位曾与曹先生齐名的单弦名家，即谭凤元。谭凤元，业内多称谭二爷，其先辈也擅单弦，故其艺学自家传，又博采众长终成名家。由于酷爱京韵又师从刘宝全，其单弦吸收了京韵的唱法，客观地说，他天赋条件不甚理想，但他坚持练功，拼搏不息，几乎每天自弹自唱，最后摸索出一种“盖弦”唱法，力度强、韵味醇厚，形成了独特的“谭派”唱法，和曹宝禄各有千秋，他的得意弟子张蕴华是现今单弦界最有成就的“谭派”单弦继承者。当然，张蕴华在继承“谭派”的基础上又融入自己的艺术特色，是当代一位公认的单弦名家。

谭氏师徒也曾在天津演出，颇受好评。

尚小云助儿演出

群英戏院在天津影剧场来说，算不得一流，莫说和“中国”“春和”（位于滨江道，后更名工人剧场）、“北洋”（今延安影院）、“下天仙”（今人民剧场）、“国民”（位于东马路，后更名新华）相比规模较小，即使和“天宝”（位于建国道，中华人民共和国成立后更名民主）、“上平安”（后更名长城）、“共和”等剧场相比也略逊一筹。诸君可莫小觑群英，在1950年前后，曾经有不少京剧名伶乃至大师级人物在此登台献艺，笔者就曾在该院观摩了不少名家，如裘盛戎、奚啸伯、叶盛兰、李多奎、孙毓堃、马富禄、李宗义、陈永玲等。此时，尚小云还在群英露演过。

尚小云，在四大名旦中，论资历和声誉，仅次于梅兰芳，故有梅、尚、程、荀之排列。后来程砚秋急起直追，在罗瘿公、王瑶卿等精心指导下，加之自身奋力拼搏，声誉日隆，有直追乃师梅兰芳之势，所创“程腔”为业内外所推崇，四大名旦多有以“梅、程、尚、荀”称之者。但无论如何，尚老板之资历和造诣仍为梨园界和观众所赞许。尚先生坐科时先学武生，后改旦角，故其武功基础极好，所塑造的女性人物多以巾帼英雄为主，如梁红玉、十三妹等，即使文戏，其表演成分也包含不少武技，如《失子惊疯》中的胡氏，《出塞》中的昭君，若无坚实的武技，恐怕演不好。本人于天津解放初期在中国戏院看过一出反串戏，那时他和杨宝森合作，他们唱了一出《虮庙》，小云于剧中反串黄天霸，标准短打武生，尚先生举手投足完全是武生派头，身手矫健，扮相英俊，丝毫不露脂粉痕迹。莫怪马连良对他说："因为你的旦角唱得太好，不然我真劝你改武生。"马先生此言不虚，因为尚小云大红时，许多老生名家都给他挂过二牌，如马连良、谭富英、王又宸，乃至"三大贤"之一的余叔岩（其他二贤为梅兰芳、杨小楼）。

尚先生还是一位京剧教育家，他花费了极大的精力和财力创办了荣春社科班，为京剧事业的发展培养了许多京剧精英，仅在天津，就有杨荣环、孙荣蕙、李荣威等名家。此外，还有马长礼（京剧《沙家浜》刁德一扮演者）、徐荣奎（电影《节振国》中配音演唱者）诸人，他们都是尚先生加以培养的，诸生也不负师望，均事业有成。

尚先生的三位公子均从业梨园，长子长春为著名武生，次子长麟为著名旦角，长子次子均作古，三子长荣为著名花脸演员，曾拜侯喜瑞为师，现任中国剧协主席，梅花大奖荣获者。

1950年前后长麟曾演于南市群英戏院。某星期日白天贴演《霸王别姬》，长麟饰虞姬，饰霸王者也为荣春社学生景荣庆，景先生是近几十年除袁世海外的一位其他架子花脸难与其比肩的名家。这场戏最令人瞩目的是广告特意登出：尚小云先生亲自操鼓。试想，这场戏能不卖满吗？

《霸王别姬》乃杨小楼、梅兰芳代表作，其实《别姬》前，即有杨小楼、尚小云之《楚汉争》问世了，《别姬》甫一出演，震动菊坛，尚小云自此不再演《楚汉争》了。今天长麟之《别姬》，当然也遵梅师之作为范本，不过，那时“别姬”一剧比现在需时较长，如今几乎只演《别姬》了。剧中本有许多人物今天在舞台上已经看不到了，而且这些人物在此剧中关系重大，与剧情发展大有关联，且有相当戏剧冲突，如韩信、李左车、虞子期等人，今则舞台鲜见。当年尚长麟、景荣庆所演《霸王别姬》仍遵原路。长麟、荣庆风华正茂，观众满坑满谷，又有尚先生把场，演出效果极佳。当虞姬舞剑时，曲牌奏“夜深沉”，此时一面大鼓置于乐队旁，尚先生便装登场，场内顿时响起一阵雷鸣般掌声，尚先生频频点头向观众致谢。我记得那天尚先生穿一件烟色的春绸长衫，温文尔雅，操鼓时，忽徐忽疾，声若金石，与乐队配合得极为默契，彼时场内鸦雀无声，观众个个目睹舞剑，耳闻鼓乐，真真享受无尽的艺术之美。遥想当年花团锦簇之状恍如昨日，而如今，非但尚小云、长麟父子皆殁，就是景荣庆，也于前几年离世，书于此处，令人怆然。

文华斋轶事

六十余年前，不是暑假期，就是某个星期日，不然的话我不可能从家中吃完午饭在南市待一天，直到晚上散戏才回家。

某日在南市白天看完曲艺，晚上准备看京剧，晚饭就到文华斋吃一顿，也就是一个小碗儿坛肉加点菜粉儿，一碗米饭，不过几角钱，吃完饭准备或共和或长城，再看一场京戏，出去一天，一块多钱也够花了。

文华斋是个小饭馆儿，专卖坛儿肉，经济实惠，我入店时已有十来位顾客，因店面不大，也就是七八张饭桌，我拣了个靠墙角的地方坐下了。

此时店房当中有一饭桌，对面坐着二位饭客，一边儿喝着酒一边儿说着话，我认为是相识的朋友共餐了，可是说话声音越来越大，也许喝了点儿酒，其中稍胖的那位脸色渐红，说话声音也较大，似乎已有争执之状。我心说，这是为什么呢？此时饭客也较多了，全屋的人们都把眼光注视着他们，仔细听来原来说的是京戏的事，再仔细听听，敢情这二位因为两个演员而发生了口角，那位胖子是捧刘汉臣的，另一位是捧赵松樵的。这个说刘如何好，那个说赵如何强，谁也说服不了谁。其他饭座莫不全神细听，时而发出笑声。

这二位越矫情越没完，有会子工夫了，这时一位老先生站起来了，六十多岁的样子，挺精神，来到二位跟前："二位，我也不知道你们二位嘛关系，是朋友？还是不期而遇？反正都是爱听戏的主儿，我打十三四岁就听谭老板（鑫培），一直听到民国六年（1917）天津闹大水，谭老板去世。一句话，是好角儿我就爱听。可有一节，捧角儿也是各有看法，萝卜青菜各有所爱嘛！梅（兰芳）大爷，得说唱二黄的头一号，也未准都捧他。刘汉臣、赵松樵二位也是一个道理，这二位也是各有所长，各有各的看家玩意儿，不介，人家能挑班儿吗？"说到这儿，老者看了看其他饭客："诸位，你们说是这么个理儿不是？"大家异口同声："大爷说得对！这二位都是好样儿的。"众人之言确实不虚。

赵松樵出身梨园，少年时曾一度入富连成社前身喜连成，后来在全国各地轮流演出。他基本功扎实、所会多多，文武老生、武生、花脸皆能，后长期在上海挑班演出连台本戏，一出《火烧红莲寺》红遍上海滩。

中华人民共和国成立初期，其弟子李铁英把赵老接到天津领衔于南市大舞台演出。那时赵老日夜两场，经年演出，试想，如果只会三四十出戏能应付得了吗？他到天津后又收了不少徒弟，如小盛春、陈云祥、陈云超等，后又长期在共和戏院演出，最后担任建新京剧团团长。

刘汉臣也自幼学艺，少年即登台，艺名八岁红，当年也曾红遍大江南北，文武老生、武生、关戏均优为之。据赵万鹏(天津昔年名武生赵鸿林之子。孟小冬初入津沽即与赵鸿林合作，是一位武生资深名家)先生和我谈，当年刘汉臣在上海演出时，业务很好，甚至周信芳都感到一定压力。刘先生往往在一出大戏中连饰几个角色，那时有些名演员演大戏，如“三国”戏《伐东吴大报仇》多有不同演法，刘先生演出此戏，关羽、刘备、黄忠、赵云等都来过，而且非常到位。在此可举一例来证明当年刘先生之声誉。

1931年上海闻人杜月笙重修杜氏祠堂，此举震动朝野，政界要人社会名流所赠颂美嘉辞无算，且演堂会戏三天，所请演员皆悉京、津、沪声誉最佳者。试看六月十一日戏码：

> 小杨月楼、小奎官的《岳家庄》；言菊朋的《琼林宴》；荀慧生、麒麟童、刘奎官、金仲仁的《战宛城》；马连良、金少山的《取荥阳》；尚小云、龚云甫、贯大元的《秋胡戏妻》；刘宗杨(杨小楼外孙)的《挑滑车》；高庆奎的《取帅印》；徐碧云的《花木兰》；梅兰芳、谭小培、金少山的《二进宫》；李万春、兰月春的《林冲夜奔》；雪艳琴、雪艳舫的《弓砚缘》(即《十三妹》)；李吉瑞的《卧虎沟》；程砚秋、谭富英、王少楼的《忠义节》；杨小楼、马连良、刘砚亭的《八大锤》；梅兰芳、尚小云、程砚秋、荀慧生、雪艳翠、高庆奎、金少山的《五花洞》；麒麟童、王英武、赵如泉、刘汉臣、金素琴、刘奎官的《庆贺黄马褂》。

这场戏开场还有一出吉祥戏《满堂全红》，共计十七出，可以说是昼夜连演。过去好的堂会戏确实不少，但如这样包罗全国名家的堂会戏连演三天，恐怕是绝无仅有。能在三天堂会戏中露一面儿的演员可以说都是在梨园界挂得上号的。而刘汉臣也在其中，可见当时在上海滩的名声和艺术造诣。

刘、赵二老晚年都是在天津度过的，还有一趣事不妨一谈。京剧名家李万春和这二老都有过从，有一次李万春看刘汉臣的《火烧连营》，刘汉臣饰赵云，为了突出“火烧”的效果，他出场时靠旗带火，盔头（帽子）上也冒烟，观众热烈鼓掌，万春认为这个“俏头”很好，有助舞台气氛。后从刘先生处得知，他是把松香滴到靠旗杆顶上，把火纸放在盔头的夹层里，临上场时再点着，李先生照着做了，不想在一次开打中，靠旗上的火苗把胡子点着了，此后没敢再用。

万春于 1981 年来天津，和松樵老先生还合作过一出《白马坡》，李先生的关羽，赵老的颜良，李先生是年七十岁，赵老已八十一岁高龄，真可谓老当益壮，而二老技艺愈加精纯，既可为后学者留下楷模之作，也可载入京剧史册。

文华斋的一段轶事，足堪印证天津不愧是京剧大码头。津门听客确确实实真懂戏，而且评戏论戏，此说绝无骄言傲语的成分。

谢添和常宝堃的一餐之赌

谢添，国人尽知的影界名家，他虽原籍广东，却是喝海河水长大的，其父服务于铁路界，喜爱音乐，尤喜广东音乐，因受家庭影响，谢添自幼也爱好文艺，举凡戏剧、曲艺、话剧、作画等均有涉猎。他很早就参加过业余话剧活动。话剧，虽然是来自外域的一个剧种，但中国话剧的诞生和发展，与天津有着极大的关系。百年前天津南开中学张伯苓就提倡话剧活动，其弟张彭春又是研究话剧的一位名家，曹禺之所以能成为我国著名戏剧家，和他在南开所受的戏剧影响关系巨大。

谢添十八岁即参加话剧活动，后又与同好组织过"鹦鹉剧社"和"喇叭剧社"。曹禺的处女作《雷雨》刚一发表（1934 年发表于《文学季刊》卷三），谢添等人即投入排练，他曾在该剧中饰演过周冲、周萍、周朴园、鲁大海、鲁贵五个不同角色。他早年曾和天津先贤、影界前辈沈浮先生有过一段交往，后来约在 1935 年终于只身赴沪找到沈浮，通过沈浮投入电影界。

当时他虽在上海，有时也来天津，他在天津有一些艺界朋友，共同探讨艺术心得。

1970年左右,那时已比开始时“雷霆万钧”式的“革命”形势平缓多了,一些“牛鬼蛇神”有的可以在家里待着了。某天我到陕西路汉益里赵佩茹老师家串门儿,说着说着,外面有人说话:“我来了。”说着话一推门,原来是马三老。那时马老已下放郊区,可能大队给了两天假,回家看望看望,马老家住南市,离赵老师家较近,因此得便来此坐坐聊聊。当时乃非常时期,即使好友相处,也尽量避免有关政治上的谈话。赵老师见马老进屋,和赵大娘(杨玉华,过去在兄弟剧团曾演话剧,兄弟剧团解散后,杨玉华成为家庭主妇)几乎同时说道:“三叔来了,您坐。”赵大娘赶忙斟茶倒水。

说了几句闲话,马老突然话锋一转:“佩茹,你还记得那会儿在庆云(即共和戏院)后台,没事‘攥弄’活吗?”“那会儿正闹日本,谁也不敢乱说话,反正说话也是闲白儿。”“是啊,有时候穷开心,就瞎编词儿,有一回咱们你一句我一句,弄了个‘现挂’的《卖布头》,把布头改成卖人啦,佫(音郝)树旺(花坛演员,中华人民共和国成立后入中国杂技团)、冯书田、沈君,我记得给他们每人编一套词儿,穷开心呗。”赵老点了点头。“那会儿后台串门儿的人也多,别说,咱还真跟有的人学过玩意儿。”赵老一听:“跟谁学过玩意儿?”“谢添。”“跟他?”“忘了?”“他倒是上后台去过,石挥也去过。”“那就行了,你这么一说就对了。”“那跟他学过什么玩意儿呢?”“完了,你这脑子呀! 有一年他上后台跟宝堃(即小蘑菇)说,叫宝堃跟他学话,学不了五句,准得出错。”马老这么一说，赵老想起来了，微微一乐；“对对，想起来了。”

原来20世纪40年代，有一次谢添到庆云后台串门儿，和常宝堃说：“宝堃，别瞧你口巧舌能，我说一句，你学一句，不出五句，准出错。”宝堃心想，这有什么难的，无非是拗口绕嘴的，就怕这一句话要是太长，也许有点儿困难。“你这一句话多少字？”“不出十个，我可就说一遍。”宝堃一听：“行，我要是五句之内都说对了呢？”“我请你上松亭吃一顿西餐？你要说错了呢？”“我请你呀！”“一言为定。”松亭就是权乐影院（即后来的长虹曲艺厅）附近的一家小西餐馆，当年业务还不错。这时就听谢添冲着宝堃：“听好了，就说一遍——要不咱们那么着吧！”宝堃心说，就这个呀？跟着一张嘴：“要不咱们那么着吧！”谢添又说：“要不咱们这么着吧。”“要不咱们这么着吧。”“要不咱们怎么着吧。”“要不咱们怎么着吧。”谢添一乐：“错了吧？”宝堃一听：“没错呀！”谢添听罢：“得了，散戏吃饭去。”“等会儿——我哪儿错了？”“第三句说完，我说‘错了吧？’你说什么？”“我说‘没错呀……’”……宝堃是何等聪明之人，立即明白了：“噢！这句‘错了吧’也算一句呀！”“那当然，它是不是一句话？能说不是吗？”“你这是绕脖子。”“甭说别的，回头吃饭。”

不是马老说起，我并不知道这个小段儿的来源，马老还说：“我一听，这是个玩意儿，听完我就使了。”他又看了看赵老：“是你给我捧的还是侯一尘给我捧的？”“可能耿宝林给您捧的。”

谢添对天津各种艺术形式确实太了解了，同时他对民俗风情也十分熟悉，对各色人等接触得也多。电影《六号门》中的恶霸把头马金龙由他扮演当然最合适，因为这号人谢添在天津既见过，更听说过，所以演这号人物可以说是“伸袖就穿”。在拍此片时又特邀评书前辈陈士和先生扮演马金龙之父马八辈，陈、谢一见如故，成为忘年交。

还有一事也可一提，马老和谢添不但是好朋友，他们二位还是同年生（1914），同年殁（2003），真可谓“生死与共”了。

姜二顺致袁文会险遭枪决

姜二顺是已故著名天津时调演员，因当年她的姑姑演唱时调，所以她自幼即随姑姑学艺。她在唱法上又吸收了时调早期名家秦翠红的唱法，逐步形成了自己的演唱风格。她的嗓音虽不够高亢，却宽厚有余，又颇有韵味，加之中气十足，歌来酣畅淋漓，因此很受听众欢迎。她成名很早，经常和刘宝全、白云鹏、荣剑尘、金万昌、张寿臣等这些大师同台献艺，其受欢迎之程度，不亚于这些艺坛老将。

20 世纪 20 年代，姜二顺正在南市庆云戏院演出，彼时正值豆蔻年华，其艺又精，谓之“色艺双绝”不为过也。她演唱的段子是《妓女悲秋》，当年的各种鼓曲，反映妓女生活的非只一段，正常观众只是欣赏其唱腔之美，或感叹妓女之悲苦，而个别观众，或者叫作顽伪流杂之辈，他们听这类曲目，往往就起哄叫邪好儿。今天姜二顺的演出，台底下就坐着几个流氓看客，其中有一位就是后来在天津投日卖国的大汉奸袁文会。不过那时的袁文会还没成大气候，只是个南市一带的流氓。

袁文会（1901—1950），祖居天津南门外芦庄子，其父在家中排行行七，名袁国璋，祖父袁老先，曾是芦庄子一带的著名混混儿，当年在日租界松岛街设立脚行锅伙，旭街（和平路）大部商号，无论是日商和华商，所有装卸均有袁家把持，外人不得插手。为扩展霸业，袁文会之父袁七曾到估衣街争地盘，打出人命，充军山东。彼时正值义和团兴起，袁七趁乱越狱而逃，参加了义和团。义和团失败，袁七又回天津，后到山西参加清军，自此音信断绝。不久袁文会之母也病死，留下袁文会及其弟袁文德。袁文德为人老实好学，胆小怕事，1935 年震惊全市的"万国公寓斗殴大案"，文德竟被惊吓致死。袁文会却不然，真可谓"龙生九种，种种不同"，他自小曾被袁八（名国玺）收养，但他不求上进，终日打架斗殴，其八婶极为反感，他又投奔其舅，其舅为娘娘宫火居道，此辈也娶妻生子，并非真正修道之人。袁文会同样又遭其舅母白眼。他有些武功，学过棚铺手艺，但他不好好干，又被其舅逐出，最后只好回到袁八开设的赌局中厮混。其间，他又结识了南市一带的王恩贵、殷凤鸣等几个地痞，在南市地面专门向一些撂地的艺人和做小生意的摊主施威，勒索钱财，所谓"拿挂钱儿"，若不给他们，你的日子就甭想好过，所以这些小商小贩和艺人只得忍气吞声，花钱消灾。

就在 1925 年，姜二顺在南市庆云演出时，袁文会、王恩贵、牛占元、殷凤鸣等也在场，他们大叫邪好儿，引得正常观众侧目而视，但敢怒不敢言。谁料，楼上包厢里坐着一位看客，却是袁文会等的克星。此人叫李七猴，这是否他的真名，不得而知，因为评书《彭公案》中有一人物叫"白马李七猴"，是不是此人姓李行七，因此附会而名之？不过这与本文关系不大，可以不必深究。李七猴其人非等闲之辈，他是直隶督办褚玉璞的干儿子，彼时正热捧姜二顺，听到有人叫邪好，勃然大怒，立即命令手下随从和马弁将袁文会、王恩贵、牛占元、殷凤鸣等人拿获，押往军警督查处。

袁等当时不过是一群未成势的小混混儿，面对此情此景，个个大惊失色。事有凑巧，当袁等被押进督查处时，碰到一个人，此人是殷凤山，是个督查处的小队员，他是殷凤鸣的弟弟，不过他见到的是李七猴的手下人，将彼等押送，没敢上前多问。不一会儿李七猴也回来了，面见了褚玉璞。褚玉璞乃土匪出身，杀人如麻，他在津时间虽不太长，却是血债累累，众所周知的京剧演员刘汉臣（本姓郑，过继于刘姓，周信芳之徒，并非天津刘汉臣）和高三奎即遭褚枪杀。当褚听到干儿李七猴说袁文会等扰乱治安、横行一方的陈述后，要求将袁等枪决。客观地说，当时袁等之恶，罪不至死，但褚玉璞把处死个把人哪放在眼内，即刻说道："那就毙了吧！"不过执行任务的却是军警督查处处长厉大森。

在这里有必要把厉大森简单介绍一下。厉大森，山东人，早年加入青帮，后入军警界，1921 年曾任济南警察所骑警队队长，后追随褚玉璞，为褚之亲信。厉大森接到褚的命令后，急坏了殷凤鸣之弟殷凤山，但他不敢直接向厉大森求情，遑论褚玉璞。万般无奈，只得找到自己的小队长白云生。

白云生也是山东人，祖居历城县（今济南市），是青帮人物。青帮大约于清朝雍正年间正式产生，起初以漕运工人为主，后来人员逐渐增多，师徒相传，按字排辈，初定二十个字，即"清静道德、文成佛法、仁论智慧、本来自信、元明兴礼”。到清末,二十个字已用完,又增加了“大通悟觉”四字。白云生是青帮第二十二代的成员,辈分已不小。

民初时,“大”字辈之青帮人数已不多,另外需要说明的是青帮人物并非个个都是流氓莠民,当时入帮者,人数难以统计,内中军政两界,士商名流也为数不少。“大”字辈高士奎,曾担任清末清军绿营统领,北洋时期又做过直隶水警厅长,其门徒汪禹丞曾担任南京总统府孙中山先生的卫队长

袁世凯之次子袁克文也系“大”字辈人,其所收门徒有不少文化界人士,李鸿章侄孙、盛宣怀孙女婿均系青帮中人。

青帮中绝大部分人都是一般的社会各阶层人士,在那种社会背景下,人们入青帮,认个师父,无非得些庇护免些灾祸,别无他求,所以许多人都是到师父处走走形式送些礼,算是入了帮,天津人多称“在家理”,而以后却大多和青帮无所往来,仍是各司其业,养家糊口。当然,青帮也有少数人,他们有财有势且和官府往来密切,有些军警界的人本身就是青帮头面人物,那就另当别论了。论述青帮,当然是个大题目,并非三言两语所能谈也,因本文涉及这个问题,所以只能略述几句。

仍接上文,当殷凤山听到哥哥殷凤鸣要被枪决能不心惊?这才找到自己的小队长白云生。当听到殷凤山的叙述后,白立即皱了皱眉。他虽为青帮中人,且辈分不小,但褚玉璞的官职大,他也不敢出头求情,无奈殷凤山苦苦哀告,最后白云生忽然想起一个人。此人姓孙,是白云生的师叔,又是褚玉璞的干爹,褚对孙礼敬

有加，白云生一方面求厉大森暂缓执行，一方面急速求见这位孙老太爷。孙某听到后，说道："放心吧，没事。"果然，孙把此事和褚一说，褚玉璞立即答应放人。

当然，殷凤山为此事给白云生、孙某人也花了不少的钱，但最终总算保住了几条人命。

待等袁文会听到事情原委后，决定要拜白云生为师加入青帮，牛占元、王恩贵、殷氏弟兄也有此意，于是同时拜了白云生。牛占元年岁最大，为大师兄。这是白云生在天津收的第一批徒弟，后来白云生的名气越来越大，投其门下者甚多，商会会长刘静山、穆庄子大恶霸王海明、武清县（今武清区）的土皇帝柳小五，均为白云山之徒，对他官称白老头。

关于姜二顺，一直活跃于津门曲坛，王毓宝对她很尊重以师辈事之。姜二顺虽然艺术功底深厚，但进取之心却一以贯之。有一次我到张阔峰老先生家看望，见姜二顺也在彼处，后来张老告诉我，她是来这儿问活儿的。张老虽为评书前辈（李润杰、邵增涛皆其徒），但对时调、相声也知之甚多，故姜二顺经常问学于张老，足见其老而弥坚，求艺不辍。姜二顺于 1979 年猝死，当时笔者和刘鹏（山东快书名家高元钧之徒）正在天津曲协协助曲协领导王焚编辑《天津曲艺三十年曲艺选》（还有倪钟之），因刘鹏和姜二顺同在红桥区曲艺团工作（不过那时刘鹏已从事创作了），于是我俩代表曲协给姜老送去了花圈，以表悼念。今天算来已是四十年前的事了，姜老若在世也是近一百一十岁的老人了。刘鹏和钟之兄也先后去世了。老辈多已不在，令人感慨无限。

“大舞台”的常客

“大舞台”不但是南市，也是全市最大的一个剧场，能容纳观众三千余人，当时中国大戏院也不过容纳两千余观众。大舞台建于清末民初，主要演京剧，当年位于法租界的北洋、春和、中国三剧场未建时，京都名角都曾在此演出。津门乡贤、须生巨擘老乡亲孙菊仙老人，晚年回乡，以九十高龄还在大舞台参加过义演。而本人在天津解放初期就经常来此看戏。那时演出日夜两场，剧团人员很多，初名“新艺剧社”，后改“红风剧社”，由赵松樵大弟子李铁英领导，记得20世纪50年代初，该剧场曾失了一次火，经简单修缮重新开幕，并聘请童葆苓、云燕铭、小彩舞、周文如四女士剪彩，李宗义、叶盛长、马三立、常宝霆揭幕重新开张。

这个团行当齐全，除铁英文武老生和花脸兼演外，还有旦角闻占萍、袁文君，老生陈钟鸣，花脸李芝纲，小花脸陈凤鑫，而以武生最多，如小盛春、彭英杰、陈云超、陈云祥和鲍云鹏等，多属青壮年，资历最深者，在记忆中只有韩长宝和赵鸿林二位，都是当年津门武生名家。韩乃尚派武生创始人尚和玉大弟子，民初时即已享名，民国四年时曾搭名老生贵俊卿的班儿，和当时第一武旦九阵风挂并牌。在《恶虎村》一剧中，他饰主角黄天霸，丑行首席王长林为其配演王梾，足见其为京都名伶，而在大舞台时却已沦为底包性质的二三路演员了。我清楚记得20世纪50年代初，他和中华戏校毕业生赵玉民（老生）、冯玉增（丑）等在东北角大观楼演出《龙凤呈祥》一剧，他扮演赵云一角，精神颇不振，扮戏似也不太认真，胡子都没刮净。昔年有不少演员年轻时很是红火，后来却日趋没落，社会因素固很重要，但是否也有本身原因呢？诚望今天的青年演员千万自重，在如今美好的社会环境下，倘能发奋图强，都会前途无量。至于赵鸿林，也是当年名武生，技艺纯熟且所知甚多，孟小冬初次来天津就与赵鸿林合作，他和余叔岩关系也很好，余在家中练把子功常和赵一起切磋，赵也曾向余请教过其唱之要领，余则有问必答，故赵先生对余之唱腔是较为知悉的。赵之公子万鹏先生和我曾有些接触，万鹏本唱文武老生，后因嗓音变化难于登台而改攻编导，万鹏所看所演剧目甚多并具相当文化基础，终于成为一名优秀的编导人员，晚年还传授青年一些优秀的传统剧目。赵氏父子也是活跃于南市各剧场的演员，万鹏先后在市京剧院供职。

现在再谈天津解放初期的大舞台，他给我印象最深的是，它当时最早演出在解放区编演的新京剧的剧场，如《三打祝家庄》及《水泊梁山》《黄巢起义》等，这都因为团长李铁英是一位德艺双馨、追求进步、紧跟时代的好演员作为领队，才能出现的情况。那时的《天津日报》对文艺界有些大事多有报道，内中总是出现李铁英的名字，似乎已是天津演员的一名旗帜。后来始知，李铁英于 1950 年即参加了中国共产党，成为无产阶级先锋队中的一员，我以为这可能是旧艺人在中华人民共和国成立后最早加入中国共产党的一员。李先生不愧是文艺界里优秀党员，其最令人感佩的是动员了自己剧团的大部分同志于 20 世纪 50 年代中期远赴山西建立了太原京剧团，从此扎根三晋，直至逝世。

由此我又想起了一件事，在李铁英入晋前，已有天津将成立京剧团之安排。彼时我正在南开中学念高中，南开师生喜京剧者何止一二。其中有些人认为，若成立市京剧团，必以李铁英剧团为基础，因其在天津演的年头较多，影响也较大，以他们为基础建为市团也说得过去；但另有一部分同学认为这个想法较难实现。客观地说，当时“红风剧团”的演员多为青壮年，论资历和声望，和京剧名家相比还有一定差距，而天津是全国的京剧要镇，作为市京剧团没有几位名流为主演是不行的。本人也持此观点，和我有同样看法的还有些人，其中有两位我记忆犹新，一位是李广伯，另一位是戴冠津。广伯兄爱拉京胡，我们住街坊，晚上从他家路过，总能听到京胡声，南中毕业后他即进入中国京剧院，拜京胡名家沈玉才为师，现代京剧《红灯记》唱腔设计主要有三人，即李少春、刘吉典和李广伯。说来有趣，这三位中竟有两位，即刘吉典和李广伯都是从天津走出的，其实少春随其父于 20 世纪 30 年代北返后，也是在津门落户，后来才到北京。戴冠津乃津沽名作家戴愚庵少公子，后从事卫生事业，为中医师。戴兄最喜京剧、曲艺。果然，不久以杨宝森和厉慧良为团长的天津市京剧团宣告成立，杨先生故后又陆续有周啸天、张世麟、林玉梅、朱玉良等加入，加上原主演厉慧良、丁至云等，形成了基本框架，后来又不断补充新人直到现在，仍然是全国颇有影响的京剧团。

谭富英“爽约”上平安

上平安戏院位于南市东兴大街北口路东，开业已有百年之久，初名天喜舞台，后改名上平安，天津解放后又易名长城戏院，上平安曾长期放映电影。日本投降后，由中国大戏院副经理冯承璧任经理，改演京剧。由于冯和北京京剧名家多有接触，并和“经励科”人员多有往来，故能邀些名角来院表演。“经励科”是当年京剧里(其他剧种也然)掌握演员分配实权的人物，如北京的万子和，对程砚秋、金少山、谭富英、梅兰芳等的演出场地、票价和配角人员的选择有多多参与。在天津只有中国大戏院建成后，院方有自己的邀角人，不受经励科限制。“中国”的邀角人就是老生名家李鸣盛的父亲李华亭，绰号“李鸟儿”。此人神通广大，业务能力极强，后来协助马连良剧团，最后和杨宝森合作，共组宝华社，“宝华”二字即从李、杨二人的名字中各取一字组成。

我在上平安看了不少戏，记忆中演员有谭富英、小翠花、袁世海、相荣环、奚啸伯、丁至云、张云溪、张春华、李洪春等。谭先生在此演出较多，我看过的就有《乌龙院》(和筱翠花合作)、《借东风》《红鬃烈马》(和梁小鸾),《红鬃烈马》前还有杨盛春的《铁龙山》等。但是,在谭和袁世海、杨荣环合作时,报纸上曾登出一则剧院的启示,也可说是广告,内容是说谭富英不久将有新戏奉上,此戏即《将相和》。戏迷闻之莫不翘首以望,等着看这出新戏。不料,直到这期演出结束打道回京了,这出戏也没露面儿,戏迷们无不遗憾!

后来,从剧作家翁偶虹先生的一篇文章中始知其因。原来,在谭班中有两位"花脸"名家,一位是袁世海,另一位是刘砚亭。剧中蔺相如一角,毫无疑义是谭先生了,至于廉颇一角袁、刘二位却令谭先生犯难了。论当时风头和声望以及号召力,毋庸置疑,理应由袁世海担任,但是,刘砚亭也非等闲之辈。他是清末武花兼架花的魁首钱金福的入室弟子,曾得钱的亲炙,长期辅佐武生宗师杨小楼先生,杨先生故后久搭谭班。若论资历刘高于袁,谭演《失空斩》中的马谡、《闹府出箱》中的煞神、《定军山》中的夏侯渊,非刘莫属。他向谭言,当年他看过刘鸿声的《完璧归赵》,梅荣斋扮演的廉颇记忆仍较清晰,很明显,颇有想演廉颇一角之意。

谭富英本系一班之主,廉颇一角自可当机立断,无奈他乃谦谦君子,顾此失彼,这是他不愿意看到的,故始终未决断,戏也没法子排,而演期已近尾声,《将相和》一剧终未露演。回京后和裘盛戎合作成立"太平京剧团",此剧才得以面见观众,而世海和李少春几乎同时也上演了这一剧目。

说说计时收费

当年南市各书场茶社(也包括其他各处如鸟市、谦德庄、地道外等地)中的相声场子和评、鼓书场子,都是说一段敛一次钱,术语谓之“杵门子”。听众可以自由出入,愿听就听,不愿听拔腿走人,这种形式一直延续到天津解放以后。直到20世纪50年代中期,社会主义工商业改造渐入高潮,全国工商业实行公私合营,小商小贩和手工业者大部分进入合作社,原先的流散艺人也基本组织起来。就曲艺而论,除由市文化局直接领导的天津市曲艺团外,各区也相继成立了各自的曲艺团(当时河东、河西和河北三区只有书曲队,即只有长篇评书和鼓书)。而演员也有了固定工资,计时收费也是在这种背景下出现的。当时观众入场听曲艺时,发给你一张入场券,上面印有时间表,你三点进场,就在三点处打一个“√”以为标记,若4时30分出场,就表明听了90分钟,再按此时间收款。收费标准各有区别,以10分钟为一单位,评书、长篇鼓书,听10分钟只花一分钱,各区的曲艺、相声听10分钟二分钱;市曲艺团也经常在书馆茶社演出,只是所选剧场较大些，收费标准是10分钟三分钱。

这种收费形式，不限于曲艺，其他如杂技、曲剧、北方越剧乃至京剧（如王则昭领导的建华京剧团）也都搞过，从经济收入而论比买票所得并不少。另外，人气大佳的剧场，如劝业场六楼的天乐戏院，也实行计时收费，场内经常满员，容纳五六百观众，想进剧场得外面排队，场内放出多少，再从场外放进多少，彼时天津舞台繁荣景象可见一斑。

这是变相的零打钱，只是在收费上更规范些，这种形式的演出对相声、曲艺演员来说，还确实有些顾虑，要求你的艺术水平要得到观众认可，不能借助他人的名望，若是售票演出，你这场效果差些观众还等着听下场，这种演出不然，你一上场唱了没几句，不能令观众满意，观众随时离场，如此一来对全团收入都有影响，所以要求演员总要时时进取，它可以激励演员时时努力，以求得良好的演出效果，保证观众不离剧场。

相声自诞生起，就是"撂地"生涯，后来有了屋舍，但是还是说一段要一回钱，以前相声、评书演员把演出叫"上地"，演毕叫"下地"了。相声演员每到一新地方演出总要拿出自己的"绝活"，以求观众接受。如果你说不好，观众走了，想再聚拢起来，那就难了，而这样收入就大大减少了，所以过去相声界有一句话"在地上干活儿，添米的吃饭，填水的喝汤。"张寿臣老先生还说过，"不是从'地里''滚'出来的演员，不能算真正说相声的。"当然，老先生这句话还是从他学艺、从艺那个时代而发出，其意无非是你要有真本事。

难忘武生大会

京剧武生早年曾有三大派之说：一为俞派，创始人俞菊笙，传人有杨小楼、尚和玉；一为黄派，创始人黄月山，传人有李吉瑞、马德成等；一为李派，创始人李春来，传人以盖叫天最佳。黄月山本为天津人，盖叫天也在天津坐科学艺后到南方，杨小楼成名于天津，李吉瑞居家天津且为天津梨园公会会长，尚和玉一生大部分时间也在天津度过，所以天津武生当年实力较强，名武生薛风池、高福安、何月山等均为一时俊杰。

天津解放初期武戏也极多，多以武生大会面貌出现，在我的记忆中，他们多在南市诸剧场演出，如上平安、共和、群英等剧场都演过武生大会。演员有梁慧超、姜铁麟、江世升、米玉文、宋德珠、阎世善、谭元寿、班世超、张鸣禄等人。这并非固定人员，因是自行成班儿，来去随意，因武戏较多，暗中就有些较量成分，不过每位演员都有自己的东西，演来又很认真，票价也不太贵，经常日夜两场很受欢迎。另外，天津解放初期名武生张云溪和天津天华景出身的名武丑张春华，他们二位挑班儿的云华社在东马路国民

(后改新华)戏院,演出了很长一段时间,因离我家较近,没少看,光《三岔口》一剧就不知看了几次,那还是旧本子的演法,刘利华是反面人物,勾的大歪脸,带"打瓦",因二人势均力敌,开打紧凑,每帖此戏经常客满。说来有趣,天津市京剧团在 20 世纪 80 年代,两大头牌厉慧良和张世麟也是两位武生。这种情况外地剧团是不多见的。

在这里有必要谈谈张世麟先生。他早年并非挑班演员,他主要向其师兄李兰亭学艺,李老确为武生界好老,当时他最得意的弟子是梁慧超,梁之技艺委实很高,和不少名家都合作过,多以三牌武生挂牌,李兰亭对梁下的功夫比自己的师弟要多,论声望似乎梁也超过自己的师叔,但是张先生不怨天不尤人,只是暗下苦功山后练鞭,技艺终于得到猛进,尤其以他主演一出新戏《雁荡山》推出后得到广泛好评,此戏已成经典之作。张先生初在东北,后入天津京剧团,长靠短打皆其所擅,《蜈蚣岭》《马超》等剧为他人所不及,和厉先生一样都是武生的代表人物,声誉之隆已超过其徒侄梁慧超。当然,不能否认梁先生仍是一名好武生,我写这一笔无非是说的是"功夫不负有心人"而已。至于宋德珠虽为四小名旦,但他的戏多以武戏见长,故也曾参加武生大会,不过班儿里若有宋德珠,"大轴"多由他演,因其声望终究比其他人要高。

“小庙引大神”的群英戏院

此前，我曾谈过关于群英戏院的简况，一个极其一般的中型戏院竟然有不少京剧名家在此露演，可谓是“小庙引大神”。另外，有些异象在此愿提出来，就是关于票价问题，当时的奚啸伯已是四大须生之一，论艺术成就和资历，客观地说，是要重于童葆苓的。葆岑也是在天津长大成人的，其父极喜京剧，他把几个孩子都培养成了京剧演员。成名最早，艺业最精者当属芷苓，十多岁时就在滨江道新中央戏院挑班了，是荀慧生得意弟子，而梅、程的戏她也敢动，且具相当水平。后落户上海，葆苓虽也属名旦，终难比肩其姐，我曾在解放初于北京长安戏院看过一次她的全部《玉堂春》（由嫖院起至团圆止），我还记得名丑贯盛吉前饰沈燕林，后饰解善崇公道。崇公道上场原词是“你说你公道，我说我公道……”，而盛吉临时改为“刚才送了命，此时又还阳”，盖因山西巨商沈燕林误食其妻一碗毒面而亡，盛吉故把台词改动，观众闻之大笑，这出戏本来很长了，但那时一场戏足够现在两场戏的时间，所以前面还有一出其弟祥苓（现代戏杨子荣扮演者）演的《定军山》，上座率足有七成多，已属中上水平，当时就算很不错了。而我今天要说的是当时童葆苓在群英挑班时票价卖六角五，而四大须生之奚啸伯在彼处挑班票价却卖六角。岂非咄咄怪事。

在这里我想和读者谈一谈，在京剧诞生后关于挑班的一些“规矩”，在今天看来确有令人难以理解之处。所谓挑班者，即剧团的一号主演，当年京剧挑班者都是生角演员、或老生、或武生。其他行当的演员哪怕技艺很高，也不能和挑班生角并驾齐驱，比如王瑶卿先生，是旦角中的划时代大家，“四大名旦”均受其教，他和谭鑫培演出大轴《玉堂春》时海板上所标榜的主演却是一个配角——问官“兰袍”，因为他是由谭鑫培扮演的。观众见此海报也不以为然，这种局面的改变始于梅兰芳大红大紫之后，此后的局面多以旦角为主了，“四大名旦”产生后许多老生名家多给他们挂二牌。比如尚小云，彼时之声望仅次于梅兰芳，当年许多一流老生名家如余叔岩、王又宸、言菊朋、谭小培、马连良、谭家英和奚啸伯等都给他挂过二牌。杨宝森还给四小名旦之一的宋德珠和坤旦章遏云挂过二牌，后来老生挑班不过马、谭、杨、奚数人而已，而旦角挑班者却很多。

至于花脸挑班，笔者见识甚浅，我只知金少山和裘盛戎二位，金挑班时间较长，裘较短，解放后与谭富英合作，后来又有马连良、张君秋几大头牌合组北京京剧团，最后赵燕侠又参加该团，五大头牌共襄盛举，这是过去不可想象的事。

花脸挑班儿确有难处，一是剧目较少（能顶大轴戏的）；二是人才难得，所谓一净难求啊！比如我在群英听他和李多奎的《打龙袍》光凭一出《打龙袍》能卖多少钱，还要有其他可看的玩艺儿，那天《打龙袍》前场就是杨派名武戏《长坂坡》，孙毓堃的赵云，陈永玲的糜夫人，贯盛习的刘备。这三位的这出戏足够“一卖”，孙毓堃何许人也，他可以说是“杨（小楼）派”武生第一传承人。当年的大武生多宗杨派，杨小楼被誉为“国剧宗师”，而孙毓堃为个中翘楚，有例可证，上世纪五十年曾拍摄一部京剧片《群英会·借东风》。所选演员当然均属顶级人物：马连良饰孔明、谭富英饰鲁肃、叶盛兰饰周瑜，裘盛戎饰黄盖，年近八十高龄的萧长华老先生饰演蒋干，据说曹操一角本想请郝派花脸创造人郝寿臣老先生担任，后因身体欠佳乃由其弟子袁世海扮演，与这些名副其实的大师合作戏中，赵云一角选定孙毓堃，其艺术造诣也就不言自明了，陈永玲乃百年来，第一花旦小翠花高徒，彼时正值二十多岁，绮年玉貌唱做并佳与孙先生二人的“抓帔”以及独演的“跪箭”，真个是至善至美；贯盛习为梨园世家，大哥贯大元唱老生，也为名宿，二哥贯盛吉为名丑，他行三，嗓子好，只是有时略左一些，能吃高调，我看过他和裘的《断密涧》，俩人“对啃”彩声不断。这出《长坂坡》就能招来不少观众。故此当日卖了满堂。

难得一见的谭富英之《借东风》

过去不少名演员多有自己的“私房戏”，而且大多是新编戏，比如梅兰芳的《霸王别姬》、程砚秋的《荒山泪》、马连良的《十老安刘》等，均属个人独有。尽管这些已被保留，但当时学演者也确实不少，但多为后学者，其艺术声望和资历和这些演员难以匹配，而造诣相差无几者，却很少学演，程砚秋的《荒山泪》，其他三大名旦梅兰芳、尚小云和荀慧生无一演出，《借东风》是萧长华先生为马连良编案的，蔡荣贵先生也参加了这一剧目的创造，早年的三国戏虽然不少，但借东风一场却着墨不多，此戏一经马先生演出，立即红遍大江南北，成为马先生又一处代表作。后学者不计其数，但是作为谭派正宗，艺术水平和声望可称一时俊秀的谭富英却曾不止一次地演出过《借东风》乃异数也。此话怎讲？因为《借东风》是马派戏，谭富英饰正宗谭余名生，论其声望当时正如日中天，仅次于师哥马连良，谭派演此戏只演《群英会》，生角一号人物为鲁肃，烟道打黄盖为止，没有“借风”，谭先生却演“借风”，悉遵“马派”，他前饰鲁肃，后演孔明，效果也相当强烈。当时这出戏谭余两派的正宗老生都不动，其时杨宝森就演唱过《借东风》。其实在我看来，“择其善者而从之”对任何演员来说都应遵从，谭先生演马先生的戏有何不可，而观众反响又相当强烈，且对谭先生声望也无损，何必拘泥于一些不成文的规定呢？不过后来谭先生此后也确实很少再

唱此戏了，我在1950年春曾在南市上平安看过一场谭的全部《借东风》，谭的前鲁肃后孔明，李世琦前孔明后鲁肃，袁世海的曹操，江世玉的周瑜，慈少泉的蒋干，金少臣的曹操，杨盛春的赵云。压轴是杨荣环的《昭君出塞》，再前还有一出武旦阎世善的《百鸟朝凤》。

《借东风》所有配角多属上驷之才，所以演出效果也很强烈，在我的记忆中此后谭先生就很少动这出戏了，鉴于此，故记下这段轶事。

第三编

南市地区的另一面

南市地区是天津最繁华的地区之一，但是，在百姓中还流传着这么一句话："三不管，逛一逛，除了吃喝全是当。"这个"当"字当然是指南市地区的黑暗面。下面就来说说这个"当"的诸方体现。

妓馆麇集

天津“三不管”，不但津人尽知，整个华北地区乃至全国，知其名者也绝非少数。不过它比其他类似之地，如南京夫子庙、北京天桥、开封相国寺等出现都晚，至今不过百余年历史。关于它是怎么形成的，现在资料很多，在此不做过多叙述。总之，它是在一个特殊历史时期和特殊社会背景下出现的一个特殊地区。

“三不管”的地域，有两种解释：广义地说，整个南市地带都可称为“三不管”；狭义地讲，是指东兴市场及其周边，特别是市场正门的西北处，所谓“小开洼”一带。而在一般人的心理上，多将后者视为实际的“三不管”。

过去一提南市“三不管”，还有些人多以“毁人炉”“害人坑”而冠之，认为此处是一个令人闻而生畏的陷阱。其实客观地讲，此处是个具有两面性的所在。毁人之说确实不假，但我们对这个地方要一分为二地看待。

几篇小文若想把整个南市地区说清楚很难，因为它包括的东西实在太多了。现在我们就把它的负面情况略说一说。

就“毁人炉”而言，三字即可说明：“黄、赌、毒。”“黄”，指妓院。中华人民共和国成立前，南市是天津妓院最集中地区（早年在三岔河口侯家后）。据统计，南市妓馆最多时近400家，操其业者近5000人，称为“花界”。妓院规格以等级而分，最高贵者为头等，称“书寓”或“别墅”。书寓多是广屋华厦，屋中设施精美，仆从也众。妓者不但秀色可餐，且气质高雅，更兼琴棋书画多有能者，她们每天锦衣玉食，生活很好，虽也接客，但绝不留宿，只不过和客人陪酒侍宴、弹唱对弈而已。这些妓女多是自幼家境极贫，但小姑娘长得很好，父母被生计所迫，万般无奈才卖入娼门。《玉堂春》中戏文唱道“鸨儿买奴七岁整”可为佐证，鸨儿再花钱给她们延师教授各种技艺。姑娘到了十五六岁就要迎宾接客了，有不从者，那就软硬兼施甚至“大刑”伺候了，最后只能落水为娼。当然，头等妓馆，一次嫖资所费不菲。因为窑主在她们身上花了大量银子，其结果就是把她们视为“摇钱树”，这都需嫖客埋单。

严格地说，天津地面没有头等班子。南市地区最著名的班子，就是鸨母人称“小李妈”的天宝班，规格略低于头等而高于二等。此人手眼通天，极善交际。此间客人大多为富商巨贾，连一些军政要人都涉足其间，如张作霖、孟恩远、鲍贵卿、张宗昌、倪嗣冲等，只要来津，多到天宝班来消遣消遣，或打打牌，或叙叙旧，就是一些宿老名流，如赵元礼、方地山（袁寒云之师，后成为儿女亲家）、方药雨等也光顾于此，多是逢场作戏、诗酬唱和而已。

南市大部分妓馆属三等，二等不多，人民剧场附近的“裕德里”“旭日里”在南市也勉强归于二等。至于狭义“三不管”附近，如东兴市场对面之翠柏村、红叶村等则连三等都不够，属下三等。这些里巷内普通住户很少，偶见一二院落，门口多挂一小竖牌，上写“此处民宅”以示路人。

来“三不管”冶游者多属手艺人或小商人，因此间妓女多是从二、三等转来，年龄已长，姿色已衰，所以“局钱”（即嫖资）有限。还有一种本属良家妇女，既有丈夫也有孩子，可生活实在过不下去了，为了活命舍脸来此，谓之“搭住”，她们多和柜上或三七或四六分账赚钱，不受柜上管辖。但此种地方的妓女也罢，嫖客也罢，几乎无一例外都是最大的受害者。

在“三不管”附近的妓女，大多是在苦海中挣扎多年，所以几乎都有性病（那时叫脏病），此病传染性极强，故来此冶游者也多染有此疾，最可悲者，客人得了此病多遗传第二代，乃至第三代。那时官茅房（公厕）的墙上贴满了“专治花柳梅毒”的小广告，中华人民共和国成立后妓馆被取缔，真是功德无量。

妓女生活之苦、命运之悲自不必说，她们的最好结局是希望能在客人中遇到一位知己，能舍得花钱把她从苦海中拯救出来，所谓“从良”，哪怕屈身做妾也胜于每天迎宾送客操此贱业。

毒赌二魔

“三不管”及其附近没有大赌场,多是当地一些无业游民在家中聚拢一些熟人,或麻将,或斗十胡,以及牌九、帕斯,以“抽头儿”为生,也有的租一间小旅馆招一帮人设局抽头儿。若有节年,在“三不管”还有不少的“赌摊”,如“掷色子”“抽签”等,属小打小闹,玩家多是些想过过赌瘾的手艺人或小商人。

说到“三不管”的毒,那真是令人谈毒色变。该地区当年大小烟馆、白面儿馆不下数十家,敌伪时期最为猖獗。

初入“毒门”者大多是从大烟(鸦片)入手,烟膏也有劲儿大劲儿小之分,一旦沾染,则越抽瘾越大。抽大烟的一般来讲经济条件较好,或在烟馆或在家中,卧榻之上喷云吐雾。抽烟易上火,总要有鲜货陪着,不少烟客还要喝“五香汤”,即各类水果放在一起熬汤喝。但凡入此道者,身体越来越差,诸事懒做,生活上入不敷出。因烟瘾过大,进而抽白面儿(海洛因),进而扎吗啡,每日生活无着,或当或卖也得抽,乃至卖妻卖女,坑蒙拐骗无所不为,有的到了冬天连条破棉裤都没有。当年各剧场的演出海报多贴在墙上，一层压一层，这些白面儿鬼净是揭下海报捆在腿上以避寒冷。试想，这种生活能维持几天？最后倒卧街头。众所周知，当年时调演员高五姑，声誉之隆、技艺之高如日中天，但因吸毒过甚终于在1938年倒卧在东兴市场门前，落得个“穿心杠”的下场。所谓穿心杠，即指凡在街头倒毙者，“地面儿”上派两个人拿着绳子、木杠把死尸一抬一埋，谓之“穿心杠”。

过去艺人中因吸毒而自毁前程者不止高五姑一人。昔者有二位名武生，一为坤伶盖荣萱，一为富连城科班高才生赵盛璧。盖伶虽为女子，而武功绝佳，其《金钱豹》《铁公鸡》等戏，男武生也难与之抗衡，后因吸毒不能上台而在“三不管”附近沦入勾栏，下场极其悲惨；赵盛璧也是技艺特好，长靠短打无所不能，最终也因沾染毒品，艺事遂衰，收入也少了，而毒瘾反倒加剧，最终死在“三不管”街头。其实，业内尽知高盛麟、裘盛戎过去也因吸毒，艺事渐废。中华人民共和国成立后他们戒掉大烟，获得了第二次艺术生命，终成一代名家。

莫说一般人，即使富商巨贾因吸毒而身败名裂者也不乏其人。杨柳青石家，津沽豪门。族中一支石某，据说有几百万巨资，自以为拥有大量金钱，吃不尽穿不绝，每天泡在天宝班中，日日牌局、饭局的花费何止千元。他每天还得吸食上等烟膏，烟枪烟具也属绝品，自想着在温柔乡中过着神仙生活。常言道坐吃山空，结果没有几年家财荡尽，后因毒瘾发作，死在一个残破不堪的小店儿中。

过去津人有谚语：坑蒙拐骗可别偷，吃喝嫖赌可别抽。由此可见在诸般劣迹中,吸毒是最最毁人的。前车之鉴,后事之师,读者诸公以为如何?

在相声界也有两位大师级的名家,都是“瘾君子”。一位是马德禄长子马桂元前辈,另一位是张寿臣先生。这老哥俩都是被内外行公认的相声巨擘。马桂元先生是当年相声界文化素质最高的演员,他正式毕业于天津商科学校,其三弟马三立也曾就读于汇文中学。由此可见,马德禄前辈及桂元昆仲本不想从艺,但是生活之窘迫,环境之影响,最终还是说了相声。马桂元师从李德钖(万人迷),马三立师从周德山(周蛤蟆),予生也晚,没听过马桂元师爷,恐怕现在的相声演员没有什么人听过桂元老先生的了,连他的入室弟子冯宝华若在世,也年近百岁了。据前辈讲,桂元先生捧、逗、单、双艺术之高令人称绝,马三立也受过大哥的教导。就是这样一位才艺俱佳的相声前辈,因为吸毒不能自拔,将及中年就被夺去了生命。遗孤敬伯是由马三立夫妇抚养成人,对其疼爱胜过亲生,成家立业三叔三婶竭尽全力,又传艺授道,敬伯在天津从艺有年,后移师长春,成为著名的相声演员。

而张寿老的结局却比马桂老强了。因为他赶上解放了,是中国共产党救了他。

张老的“烟龄”更长,后来到了须臾不可离的地步。1949 年 1 月 15 日,天津解放了,从根本上取缔了烟馆、烟贩,但是张老一时之间难于应付这种情况,只好到中药铺买来米壳(罂粟壳)熬成汤药,以解燃眉之急。后来又听人说西北地区还有私下贩卖鸦片的,寿老竟自不顾在天津很好的收入,无论如何要去西北。他还请来自己的总角之交陈荣启先生,陈先生为了帮他戒烟不知苦口婆心劝了多少次。这次陈老想,我要跟他去,因怕他发生意外。于是,他们同赴西安。谁知西安也买不到鸦片。陈老跟他讲:“师哥,戒了吧!西安也解放了,能有卖这东西的吗?”可是寿老当局者迷,过几天不知通过什么关系,买来一点儿“白面儿”(海洛因)。对于海洛因几十年来他都不沾,他深知一旦沾上此物一定家败人亡,可是今天,毒瘾实在令他太难以控制了。他把一张锡纸打开铺平,把这点海洛因倒在锡纸上,跟着又点着一棵火柴,左手刚拿起锡纸,右手点燃的火柴这就要放在锡纸下,准备要吸。就在这千钧一发之际,陈老正好推门而入,见此情景大惊失色,快步走到寿老跟前,扬手把锡纸打落,一把抱住了寿老:“师哥!您不要命了?您还有一家老小呢!走!赶快回家!师哥!您要再不戒,我不认您这个哥哥,就算您疼我吧!”说到此陈老泪流满面,寿老泪水也似断线珍珠,哥俩儿对泣有时。

最后他们回到天津,寿老下决心忍受十多天的煎熬,终于把烟戒掉了。他常说:“陈荣启,我的好师弟,真是我的诤友啊!”

黑恶势力

中华人民共和国成立前的“三不管”，可说是黑恶势力的极乐世界，其间大小流氓多加入青帮。据说青帮始于明永乐年间，清雍正后得以发展，青帮初立还曾有功于朝廷，但后来青帮的性质完全变了，成为各地方的黑势力的代表了。近百年来上海的黄金荣、杜月笙、张啸林可称魁首，天津的袁文会算得上青帮头号人物。入帮者是按字排辈的，共有二十四个字，最后四字为“大、通、悟、觉”称为“海底”。20世纪二三十年代，天津青帮元老为厉大森、白云生等人，属“通”字辈，袁文会给白云生磕头，属“悟”字辈。他本来混迹于他叔叔袁八的赌场中，是个一般混混儿。七七事变后他卖身投敌，效忠日寇，陡然发迹，于是开香堂，收了不少的徒子徒孙。南市的一些青帮头目多依附于袁文会，如王恩贵、王凤池、翟春和、房树恩等。

他们在“三不管”一带欺良压善、横征暴敛、摧残妇女，无恶不作。凡烟馆、妓馆、饭店、剧场等地，都得对他们有所“孝敬”，连摆地摊做小买卖儿的，他们也要收地皮钱。

过去人们常说“五子”行业不好干。因为这些行业每天接待来者很多，倘若遇到一位有势力的主儿，柜上一时招待不周，就许引出大麻烦，彼时“砸园子”“砸窑子”等社会新闻并不鲜见，最后多请出当地一些“地头蛇”出面从中调解，把事情摆平。这些“地头蛇”多是青帮中的头面人物，当地官府也多和他们勾结一起，所以他们在南市三不管一带做任何非法之事都有恃无恐。不但南市，其他地方，如谦德庄、地道外、鸟市、西关外三角地等都有当地的青帮势力横行，无人敢惹。除非像天宝班那样的妓院，青帮们也无可奈何，因为掌班的“小李妈”结交的大多是军政要人，流氓头子对这些人不敢稍犯，所谓“光棍不斗势力”即指此也。

在青帮者，津人又谓之在“家理”，另外过去的人还有“在理儿”一说。这和在“家里”是完全不同的两个概念。“在理儿”的人要在“公所”入门，有些佛道性质，“在理儿”的人主要表现为烟酒不沾。过去让人抽烟，对方一说“谢谢，我有门槛儿。”这就表示人家“在理儿”，不能再让了。

中华人民共和国成立后，“三不管”那些欺压良善的黑恶势力尽被摧毁，那些首恶者大都得到应有下场。

至于袁文会，日本投降后，袁自知性命难保，每日东藏西躲。据说他是在天祥市场后被捕的。中华人民共和国成立后，袁文会终于在镇压反革命时被处极刑，得到了应有的下场。

曲艺演员谈“袁”色变

袁文会是当年南市第一恶霸，尤其在敌伪时期，他认贼作父、甘心投敌，谄媚日寇、残害国人。对南市艺人，尤其是曲艺艺人压榨尤甚。当年南市的两个曲艺场所庆云戏院和燕乐戏院全有他手下人。庆云戏院实际上就是他的“财产”，燕乐也好不到哪儿去，所有演员由他驱使，稍有不满就对你毫不客气。

当时单弦演员王剑云在庆云演出，其艺术相当优秀，是常派创始人常澍田最得意弟子，演了两个月后，到第三个月剧院还不给工资，众人也不敢多言，恐遭不测。剑云和众人一样，一家老小等米下锅，此人秉性刚直，乃出首质问院方：“为什么还不发工资？”这一来惹恼了袁文会的徒子徒孙，不但不作回答，还恶狠狠地将其赶出屋门。未几，发下话来：“王剑云不得再演出，工资发给其他演员，没有王剑云的，以前发给王剑云的工资还要原数追回。”剑云本来有病，一闻此言气恨交加，多亏同业人员给他请医诊治，结果还是未得活命，抛下妻儿无人照应。马三老敬佩王之为人，把剑云遗属接到家中供养很长时间，足见马老义重情深。

还有相声演员戴少甫，燕乐戏院从北京把他接来，给白云鹏上“倒二”，合作者为于俊波（白全福之师），艺术相当好。他的《数来宝》技压同侪。某日袁文会到燕乐听戏，他传下话要听什么段子，叫戴少甫表演，其实戴少甫已经接了前台好几个条子了，烦演什么段子，当然另有加价。这些段子不能全演呀，他就上了一段《打白狼》，这是个老段子，内容是说逗哏的曾为司令，带领一帮手下人等前去剿匪，而手下人都是说相声艺人，借以招笑，结果大败而归闹出笑话。袁听罢不由大怒，他认为这个司令是影射他袁某，当即带领手下徒子徒孙到后台痛打戴先生，众人急忙相劝，白云鹏老先生甚至要给他下跪，最后他才气狠狠地拂袖而去。戴少甫身心遭到极大残害，回到北京不久即含恨而亡。前几年我和田立禾兄应中央人民广播电台之邀录制了孙福海先生大作《逗你没商量》，此书内容是讲当年相声演员轶事。内中也谈到了戴先生。节目播出后，立禾兄和我同时接到了戴先生外孙打来的电话，说道：“我祖父死后这些年很少有人再提及他的艺术和死因，现在二位老在中央电台的节目中提及此事，我们全家表示十分感激。”我们实在不敢当，因为戴先生确实是一位不可不谈的相声名家。

在此，不妨再唠叨几句戴少甫。他原来家境较好，家里是开杠房的，专营红白喜事，收入颇丰。本人也受过相当的教育，受家庭影响，自幼喜好曲艺，不但会说相声，太平歌词、单弦也能演。后来家境衰颓才“下海”从艺，但在北京未享大名，又到天津。初登中原公司（今百货大楼）楼上的游艺厅，也未见起色，于是回到北京总结自己失败的原因。他还把一些段子重新整理，每个段子应该怎么说，因他有相当的文化水平，所以他整理后的段子更为出色。比如《八扇屏》这个段子。乙向甲道歉说自己是个“莽撞人”，请甲原谅，甲就拿张飞作为莽撞人来训斥捧哏的，是一段大贯口。本来主要说张飞，但“贯口”里赵云占的成分较大，到现在仍是这样说法，只是到最后才说几句张飞。而戴先生这段以说张飞为主，突出的是莽撞人，这样更趋合理，足见其活儿路迥异他人。

江湖面面

绝大多数人逛“三不管”主要还是为了散心游乐。

东兴市场里书场茶社一家挨一家，还有一家开明影院，而“撂地”卖艺的却多在市场外西北处的“小开洼”。那里每天人流不断，卖小吃的很多，卖爆肚的、卖切糕的，还有卖炸鸡蛋的、卖羊肠子的、卖烧饼夹牛肉的等，因经济实惠，顾客不少。

当然，更多的是走江湖卖艺的、点痦子拔牙的、卖膏药的，其中以“瘊子刘”最有名。还有“摆棋式”的，一局残棋，讲好价钱，你若能胜摆棋者，算你赢，但是根本赢不了，真正懂棋的，一看这棋式，就明白。迎战者，自认为自己有两下子，其实是二把刀。算卦的也有，操此业者江湖术语谓之“金点儿”。天津解放初尚有一人在此摆卦摊，摊主名叫舒舍予，五十来岁，头发花白，给人印象文质彬彬，生意还挺红火，后来转事他业，曾在报上撰文，发表于20世纪50年代中期《天津晚报》上，笔者看过，文章揭露了算卦内幕。

不过真正卖艺为业的也不少，如举墩子、耍大刀的董玉山，练杠子的马恩寿、杨保忠等。其中最有名的当数高大楞、大金牙、孙玉清、霸州李等，现分别做一概述。

高大楞是卖大力丸的，自夸其大力丸能健身养体还可以包治百病，其实人们都知道，大力丸治不了什么病，不过由粮食、草药加些蜂蜜制成，人吃了也无害处，所以都叫它“切糕丸”。他的周围总有不少人，主要为的是听他吹嘘其药，他说得天花乱坠，滔滔不绝，还笑料百出。说话，术语谓之“铺纲”，说得好能招人，谓之“纲条子硬”。你既听了半天啦，也就不得不买两丸。

大金牙真名叫焦金池，是拉洋片的，他卖艺主要在北京天桥和天津“三不管”，看洋片者主要也是听他连唱带说极有风趣。他有两个女儿都学唱西河大鼓，较有名者是大女儿焦秀兰，当年既上电台，也上杂耍园子，中华人民共和国成立后加入天津市和平区曲艺杂技团。

孙玉清是打弹弓的，他在地上画一人形，五官、耳鼻等处放一铜钱，观众要求他打那，他拉开一定距离，一弹打来准确无误，真可说是百发百中，不过他不向观众要钱，实际以卖膏药赚钱。

霸州李其名李茂春，练武术的，有真功夫，艺宗少林。其女李文真也技艺不凡，既练拳脚，也有刀、枪。文真也曾在曲艺剧场演出，中华人民共和国成立后在天津体育界任武术教练，成为一名国家武术教师。

另外，有必要说说“三不管”的跤场。过去天津喜摔跤者不少，跤场也多，但“三不管”跤场最有名，津门名跤手“四大张”都曾光顾此地。天津跤以快跤出名，出现不少名跤手，如“四大张”

之一的张鸿玉，其弟子杨子明、王恩信、贾福才等，都曾在此活动过。爱看跤的人很多，文艺界的赵佩茹先生最喜看跤，京剧名丑马富禄先生不但爱看跤，也会摔跤。他每次来津演出，一有空闲必要到“三不管”跤场。他跟天津跤手都很熟悉，他一到，跤场中人必说：“马三爷（众人对马的公称），玩儿一场吧！”马富禄真的穿上褡裢，系上中心带儿，上场就摔，众人欢迎，无形中敛的钱也多，皆大欢喜。20 世纪 50 年代，天津的摔跤运动员在全国竞技中总是名列前茅，运动员有些就是从“三不管”跤场锻炼出来的。

周恩玉险遭日寇杀害

南市，在过去的岁月中，确实有过繁荣昌盛，这里多种商业铺面鳞次栉比，大小饭庄数不胜数，影剧场、浴池举目皆是，即使是报馆也有不少家。这里每天游人如织，热闹非凡。有钱人在这儿可以一掷千金，而小小百姓花极有限的一点铜板，在这儿也可以听几段书，作为消遣。但是，它和我国其他大城市类似的地方，如上海城隍庙、南京夫子庙、汉口民众乐园、济南大观园等一样，也有黑暗罪恶的一面。昔年，地痞流氓、顽伪恶霸多在此地横行，平民百姓乃至商家铺户受其迫害者难以数计，尤其在日寇统治下，善良百姓每天如履薄冰，苦熬岁月，动辄即遭横祸。

笔者忘年老友周恩玉先生在日伪统治时期就险遭杀身之祸。周恩玉，原天津南市上权仙影院经理。在天津，由中国人开创的最早的电影院是 1908 年 1 月 8 日建于天津法租界紫竹林（今滨江道吉林路交口）的权仙影院，经理为周紫云，后几经移址最终坐落于南市荣业大街。周紫云故后影院由其侄周恩玉经营。

在日寇统治时期的 1938 年，有一人不买票要看电影，被收票人婉拒，此人扭头便走，收票人也未当回事。当晚，有一人带了两名日本宪兵闯入经理室，不容分说将周恩玉抓走，周老也不知身犯何罪，即被抓到宪兵队。刚一进屋，就有两名日本兵使用木战刀搂头盖顶向周老劈打，其中有一日兵可能会摔跤，抓住周老使了一个“背口袋”，把周老狠狠摔在地上，再接着打。另一日兵持战刀向周老腹部刺去，周老见状魂飞天外，不顾疼痛退至门口，被门槛绊倒，一刀下去正刺中大腿，鲜血迸流，人也休克了。可能他们以为这个人不行了，于是命人把周老拖出。宪兵队在东南角附近，离东马路很近，周老被扔到东马路电车道上，当时已是子夜一点左右，又下着小雨，周老已渐苏醒，但人已动不了啦。正在不知如何是好之时，恰值伪警局巡官窦某查巡地面，周老因系影剧公会负责人之一，对一些地面儿上的人物多有接触故此相识。周老也不得细述因由，只是央求窦某赶紧雇一辆人力车将其拉回家中，最后养治了一个多月，才能下床。其实究其因，原来那天不买票就想看电影的人是个朴姓朝鲜人，他是日本翻译官，因为得罪了他，周老就险些命丧敌手，当周老和我谈及此事时，仍十分激动，充满对日寇的愤恨之情。

周老年未二十即接任上权仙影院经理，本人又具相当文化程度（高中毕业），他在南市生活了三四十年，又是影剧业公会负责人，和影剧业人士多有交往，同时对南市其他行业中的头面人物也颇熟稔，几十年间在南市发生的大事小情，周老大都了然于胸，晚年他曾想写一部南市回忆录，无奈年事已高夙愿难成。承周老垂爱，曾枉顾寒舍，愿将南市轶事赐惠于我，我虽极为感动，并表示愿受其教，但终因我的怠惰，未能完成周老遗愿，愧悔之情难以名状。写了这本小书权作对周老的泉下慰藉吧。

梅兰芳被羁押

类似周先生的遭遇，在南市其他剧场也出现过，不但剧场受难，有时也波及演员，梅兰芳大师和他的合作者姜妙香先生甚至被拘押过。这在《梅兰芳舞台生活四十年》一书中有所叙述，在此不妨再简略谈谈。

1915年左右，梅先生受天津名武生薛凤池之邀来天津下天仙演出。下天仙坐落在南市荣业大街南口往南一拐之处，此院民初即已建成，但是它的正门却在旭街上，旭街属日租界，即今和平路，而下天仙就是中华人民共和国成立后的人民剧场，以演话剧为主，是“天津人艺”的基本演出地。而当年从北京约来的京剧名家多在下天仙演出。彼时前台经理叫孙三，后台经理赵广顺，即名旦赵燕侠祖父。

此时梅先生正值华年，名声大噪，所排新剧目《牢狱鸳鸯》卖了个满堂，就差卖站票了。转天戏码是《玉堂春》，“倒二”本应是名老生王凤卿的，因在《玉堂春》中王先生还要来个“兰袍”，所以就把王先生排在了“倒三”了，唱了一出《站樊城》，此后有一出小武戏，然后再上大轴，王先生也好缓缓气儿，改改装。因为梅先生的戏在后面，所以可以晚些时间到剧场，他住在乐利旅馆，离剧场也较近，在八点半左右，他才和“跟包的”上了马车奔剧场。车子走了没多远，被一巡警拦下，硬说车夫违犯了警章，要带到局子，梅先生赶忙开门下车，自道姓名，求其通融一下，把自己送到剧场后再叫车夫去局子。而那巡警根本不听这套，只说“不行，我们公事公办。”说着把梅先生推上车，叫车夫跟他走，走了不多几步路，来到一所洋楼前，巡警令梅先生和“跟包的”下车，先生一看，此楼门外挂着一块牌子，上写“大日本帝国警察署”，黄底黑字。梅先生和“跟包的”被推入一斗室内，外面还上了锁，屋内只有两条长板凳，两个小方桌，一把茶壶一只茶杯和一盏小电灯。真个是叫天天不应，叫地地不语。此时梅公心中并非为自己担忧，他认为自己无错可言，也就无所畏惧，他急的是剧场内的观众和前后台人员，他们并不知道自己被拘押在此。正在梅先生焦急万分时，忽听有人大喊“冤枉”，而且声音越来越高，仔细辨听，梅先生听出：这是姜六爷（妙香）在喊冤！甭问，姜先生和我遭到同样的命运。确如梅先生所料，不过姜先生坐的是人力车。这声音惊动一人，是该处一普通工作人员，他问明原委后，因其和薛凤池是朋友，赶忙给薛打了电话，才费尽周折把梅、姜二位救出。

薛凤池、赵广顺、孙三极表歉意，孙三说：“此事是我惹的祸，因昨天卖座特好，可是场中有几个人没票要听戏，被我请出剧场，我并不知道其中有两个‘白帽’，谁敢得罪他们，结果演出这场腻事。”梅先生不解“白帽”是何许人，竟有如此势力？孙三乃言：

"他们穿着便衣,我不知道啊!"薛凤池说:他们是警察署的稽查,阶级比警察高得多,包管万事,以日本人居多,也有一部分中国人,当然都是认贼作父的败类!因为他们的官服中所戴的帽子中间有一道白圈儿,人们背地管他们叫"白帽"。当时普通百姓说到"白帽",都有谈虎色变的感觉。今天回忆起来,在我少年时,正值日寇侵华,也曾听家人及亲友提及:"××这回麻烦了,叫'白帽'衙门抓进去了!凶多吉少啊!"当时并不理解这话是怎么回事,知其原委是以后的事了。

旧社会的南市剧场确实经常出现一些令人胆战心惊的事,本人就曾亲历这样的场面。

“庆云”惊魂

日本投降后,举国欢庆。但国民党光想打内战,老百姓的日子更不好过了,市面上生意难做,各行业难以维持,而对影剧业来说,似乎更加困难,表面看卖了个满员,而实际收入能有六七成已算不错,因为“摇头票”太多,尤其一些“伤兵”自恃抗日有功,不但听戏不花钱,还经常惹事,我就在“庆云”(中华人民共和国成立后更名共和,在南市慎益街)亲历过这种情况。

那是我和家人在“庆云”听“兄弟剧团”的曲艺和一出笑剧,剧名我忘了。不过他们的戏我看过不少,如《前台与后台》《笨侦探》《八点半》《一碗饭》等。该剧团前场曲艺是比较固定的场次,如常宝堃、赵佩茹的相声,陈亚南、陈亚华的魔术,于德海、冯书田的古典戏法,沈君的口技,佫(音郝)树旺的巧耍花坛,等等。至于鼓曲大多为临时邀请,并不固定,后面的笑剧也由该团成员担纲,而反派人物似乎都由赵佩茹饰演,女演员则为相玉华、王苓和方紫萍等充任,他们不是曲艺演员,但演过话剧。

那天前场曲艺正演到中途,台上一个鼓曲女演员正在演出,忽听后面有了骚动，后来声音越来越大，甚至叫骂声不绝于耳。原来是两拨伤兵为争座位打起来了，其中可能还有一个带枪的，因为听到有人喊：“崩了他！”这时场中忽然大乱，但大部分观众却不敢动，台上那位女演员也吓得跑进后台，后来经过前台百般解劝，事情才稍稍平息。此时台上荣少昌出场了，他是梅花大鼓演员，因心仪梅花大王金万昌先生，故起名少昌。此人较胖，能压得住台，敲了半天鼓套子，把场子进一步压一压。予生也晚，所经之事也少，据我所知金万昌自创梅花大鼓后，继起者多为女演员，且多以“宝”字命名，声誉最隆者，自是花四宝，只可惜二十几岁竟自早亡，另有花五宝、花小宝、花云宝、花银宝、花莲宝、丁慧宝等。只周文如用本名，小宝晚年也以史文秀之名登台演出，这些位均受业于名弦师卢成科，虽基本旋律仍遵金派，但也有些改变，唱法更适于女声发音，卢成科先生可谓曲艺界一功臣。

相对来说，梅花男演员并不多见，我所知者只有刘连玉和荣少昌。有一位票友周麟阁先生，唱得相当有水平，除梅花外，对京韵、单弦诸曲种也多有研究，令界内十分佩服。

当时荣少昌虽然暂时稳住了场子，但家母唯恐后面再来个“大开打”，于是我们中途就回家了，此事至今记忆犹新。

赵佩茹“被绑架”

日本投降后，人们的喜悦心情稍纵即逝，国民党发动内战，大失人心。社会动荡，百姓苦不堪言，各行各业生意凋敝，而南市地区尤显得乌烟瘴气，影剧场的看客也寥寥无几。“兄弟剧团”在庆云的业务原来很好，但如今也大不如前。正在此时，忽然传出赵佩茹被“套白狼了”的消息。

常宝堃、赵佩茹这档相声，可以说津门父老人人皆知，他们既上剧场，又上电台，当人们把“话匣子”打开后，一听，果然就是常宝堃一个人在说单口相声，他只说：“赵佩茹有点儿事情，来不了啦，今儿我一个人说了。”听众更加相信赵被绑架了，有的人还特意到剧场去看看，果真也没看见赵先生，几乎每天都有不少人来剧场看究竟。别说，虽然没看到赵佩茹，剧场观众倒是比先前多了不少，就这样一连十多天，赵佩茹消息全无，忽然这天又听说赵佩茹脱险了，不过电台里没露面。有些人又奔剧场了，看看此言是否属实，果然真见着赵佩茹登场了，每天都来不少人，戏园卖座很好，后来电台也听到了赵的声音，一场风波终告平静。

后来我和张鹤琴先生在一块儿闲谈，提起此事，因当年张老也为“兄弟剧团”成员，剧团所演笑剧多半出自张老之手，他非但熟稔曲艺，也能票演京剧。中华人民共和国成立后曾组织艺文评剧团。晚年境遇不十分理想，曾在我们实验曲艺团服务过一个时期，故不时有所接触。当我提及赵被绑架一事时，他看了看我，问道：“你琢磨这是真的吗？”“当时我信以为真了，今天回想，多半为虚晃之说吧？”“可不是吗？那时买卖不太好，市面又乱，就得想办法上座儿，忘了是谁想出这么个主意来，别说，那些日子观众来得还真多，‘空点’（外行的观众）以此当真了，多奔剧场看真伪，无形中座就上来了，多点儿进项呗！”

此事也可反映出旧社会艺人生活之艰难，即使是有些名望的演员，也不得不使出各种办法来提高上座率，以求得有所收入，从而维持全团人员的吃饭问题。

第四编
评书大师陈士和

当年在南市地区的从艺者，可以说不计其数，后来成为大师级人物者又何止一二？之所以今将陈士和先生做一较详细的介绍，基于陈老在诸位前辈中年岁较长，而其德、其艺堪为后学典范，而其声誉之隆始终未衰。他的艺业非但在曲艺界，就是对整个文艺界来讲，也是备受推崇的。而我又是陈老之第三代传人，我虽然技低艺劣，但对陈及陈门下的各位前贤始终未忘感恩之心，今写此文也是我对诸位前辈崇敬之情的一个表示。

喜评书弃厨从艺

评书艺术，几乎遍及全国各地，因我国地域辽阔，方言各异，于是形成以各地方言演说的多种地方评书，如湖北评书、四川评书、福建评书等。而以京津为中心的北方评书，从业人员最多，分布地区最广，影响之大，名家之多，冠于其他各地。陈士和，即为北方评书代表人物之一，其艺业之精被业内外所公认，又因其经常在南市演出，故专述一编。

陈士和，生于清光绪十三年(1887)，卒于1955年，原籍浙江绍兴，世居北京。原名建谷，后改固本，一名德本，字兰亭。陈士和出生于北京前门外厨子营，顾名思义，其地住户多为勤行。陈老之父也操此业，在庆王府奕劻家做厨师，陈老幼时读过一个时期私塾，时间不很长，后即随父在庆王府帮厨，做些零碎活儿。不过在父亲督促下，他仍挤出时间读些书，虽多为童蒙读物，却也从中获益不少。因家境贫寒，十岁以后即为衣食奔波，为商家铺户、大户之家干过诸般杂役，赚些零钱贴补家用。

厨子营在先农坛北侧，与精忠庙隔街相对，精忠庙系清代北京戏曲艺人的一个行会组织,其性质类如中华人民共和国成立前各地的梨园公会或伶界联合会,其负责人称庙首。庙首由数人组成,但必须经清廷内务府加委,因此带有半官方性质。京剧第一代演员,所谓"大老板"程长庚者曾充庙首多年,伶界若有纠纷,可在庙首家中解决,遇有重大事件由庙首召集各班社开堂公断,倘有更严重事件则需内务府堂郎中处理。精忠庙三字本与伶界无任何可联系之处,因其机构在北京东大市精忠庙内,便以庙名作为会名了。入民国后此名消失,更名为正乐育化会,谭鑫培曾任会长。此处,经常有梨园人士相聚,陈老先识其人,复爱其戏;另外,此处离天桥也不算远,天桥是名副其实的平民娱乐之地,陈老得暇便流连于此地。书馆、戏棚以及"明地"即"撂地"的一些练把式的、摔跤的,陈老几乎样样爱看,特别的是他还是跤场常客,而且还学过。据我所知戏剧曲艺界喜此项运动者确实不少,相声名家赵佩茹甚爱其技。京剧名丑马富禄还经常在跤场表演,身穿褡裢,腰系中心带儿,和跤手们过上几招颇受观者欢迎。陈老后来在表演中的某些形体动作,也和少年时学过摔跤有一定的关系。

由于陈老自幼在这种艺术氛围中长大,最后走至艺术之路,此种现象界内谓之"熏出来的"。待到年龄稍长,陈老的艺术喜好,则逐渐转向评书了。

光绪年间,北京书馆林立,东西南北城处处皆有,京城人士多爱听书,上至达官显宦,下至贩夫走卒,店员、职员、教师以及梨园界均为书坛常客。

在这种形势下，必然产生不少评书名家。自清末至民初，享誉书坛者，如潘诚立、双厚坪、田岚云、张智兰、张虚白、袁杰英、群福庆、王杰魁、品正三等，均拥有大量的观众群，且各有拿手书目。不过，他们多以演说长篇书目为主，而陈先生却对张智兰先生演说的《聊斋志异》情有独钟，他暗下决心，将来要投拜张智兰，要以说书为业。有志者事竟成。果然，辛亥革命后陈先生终于弃厨从艺，踏上了说书之路，又经过几十年的不懈努力终于成为说书界的一代宗师。

喜《聊斋》得拜张智兰

陈先生约在二十五六岁时得拜张智兰。

张智兰自幼读书，却是个落第秀才，因极喜《聊斋》，后来终以说书为业。因其文化素质较高，对《聊斋》一书，其情其意理解得也比较深刻。据史料和前辈艺人谈及，在北京首演《聊斋》一书者为清宗室德月川。据陈老讲，德氏在光绪初曾居住在后门外某寺庙内，闲时曾演过《聊斋》，他的讲述趣味性很强，又因精满语，故他的“包袱”常以满汉双语抖出，“荤素”兼备，引得观众哄堂大笑，但是否以此为养身之道，则不得而知。不过他的讲述听者很多，张智兰即为座中常客，后来终于以说书为业。

张智兰的表演，基本以照本宣科的方式讲述，就是把原文变为白话儿再演绎给听众。不过，这种表演，根据演员本身的学识、阅历、语言表达能力和使用技巧，也有高劣之分，张先生的表演还是比较生动的。

民初，陈老正式拜师后，成为张先生的得意弟子，后来的发展更是青出于蓝而胜于蓝。智兰之子少兰也曾继乃翁衣钵，演说

《聊斋》,后又拜评书大家潘诚立为徒,演说《精忠说岳》,可惜他未能坚持到底,后来弃艺从医跻身杏林,改名张佩文。智兰有两个孙子皆入艺界,成为著名京剧演员,一名张德华,一名张世年。张德华出身于天津劝业场的稽古社,学花脸,与现代京剧《智取威虎山》扮演者贺永华及今中国第一武丑张春华为同科师兄弟。德华唱、做、武皆能,是个花脸全才演员;世年出身北京富连成社,系文武丑,腹笥渊博,曾与谭富英、裘盛戎、新艳秋、谭元寿、王金璐等名家合作,晚年在天津戏校任教,是教师队伍的中坚力量。世年也说过评书,曾说过《岳传》,不过他说书是偶一为之,其主要精力还是用于京剧事业上。

京都献艺声誉鹊起

陈老自登台以后，把全部精力投入钻研评书事业上。他讲述《聊斋》，一方面继承了张智兰的艺术精华，同时，决心把这部书，从人物、细节、表演诸方面给予进一步地发挥。所以有这种想法，是由主、客观两个因素形成的。从主观上讲，陈老认为，既已从事斯业，就应该拼搏奋进，在说书艺术上要有所成就，在书坛上能争得一席之地；从客观上讲，当时的北京书坛，场地多多，名家如云，若无相当的艺术造诣很难站稳脚跟，倘若默默无闻终此一生，又何必投身艺海？他下定决心要与名家比肩而立。

说书人的业务收入，当然凭借观众多少而定，每天必来的观众若多，谓之“底座儿多”，收入就高；坐一会儿听两段就走的观众，叫作“流水座儿”，光凭“流水座儿”，演员和书场经济收入没有保障，而那些名家，都有自己的拿手书目，“底座儿多”，收入也好。比如双厚坪的《水浒》，田岚云的《东汉》《明英烈》，潘诚立的《精忠传》，王杰魁的《包公案》，袁杰英的《施公案》（当今评书名家袁阔成即其侄），群福庆的《施公案》《盗马金枪》（即《杨家将》）和杨云清的《济公传》等都是听众喜闻乐见的书目。陈老面对此情，若无过人之处实难立足。

那时京城书馆面对的观众群也有差异。清末民初达官显宦多住东城、北城后门和东四一带，在此附近有两个大书馆，一为广庆轩，一为东悦轩。广庆轩在地安门北义溜胡同，东悦轩在故宫附近东华门大街路西，这里的听众多喜听历史类的所谓“袍带书”，如《列国》《西汉》《明英烈》《精忠》等，《聊斋》系文学名著也能吸引不少听客。东安市场东北角的仁义轩，听众多为王府井附近的商人，爱听《施公案》《彭公案》一类的公案书，袁杰英、群福庆经常在此演出；交道口附近的背阴胡同有个书馆和后门天汇大院的开明轩，因附近有几个中小学，听客中有不少教员；梨园界有些人爱到石头胡同和赵锥子胡同的书馆听书；天桥还有个王老八书馆，多为附近住户和小商人去听书。当然，上面所举的只是京城书馆的一部分，足以说明当时书馆确实很多。

市场竞争的残酷性各行各业莫不如是，尽管彼时京城书坛名家众多，而陈老从艺不久，即在花团锦簇的书坛园地，似一朵绽放的奇葩新秀挺立其中，发出了异常之香，展示出异常之美，引起了广大听众的关注，不久即走红京城。他经常上演的地方是广庆轩和东悦轩。上面提到过这里的观众层次是较高的，陈老的书能得到他们的认可，已显示出他的艺术不同凡响。陈老有时也到天桥书馆演出，观众虽多为平民阶层，同样受到欢迎，他的表演确实达到了雅俗共赏的境界。“雅俗共赏”说来轻松，若真能做到，谈何容易？没有相当的艺术技巧和表演功力，很难得到这个评价。

孟定生慧眼识俊才

孟定生(1867—1939),名广慧,定生为其字,曾用𬭸于室、问梅吟社、白云山人为别号,祖籍安徽,久居天津,家学渊源厚重。广慧自幼学于其叔,清末诸生,邑中名士,诗书皆擅,书法尤享名于世。昔年,津沽书界有华(世奎)、孟(广慧)、严(修)、赵(元礼)四大书家之说,孟居第二,孟之书法学自髫龄,八岁能写擘窠大字,诚异才也,十二岁摹清大书家何绍基字,几可乱真,所摹南帖北碑莫不颂之。他当年也曾有一段仕途经历,曾在清廷重臣端方府中充担幕僚,但时间不长。

孟昔年遍游南方闽、浙、苏、鄂各省,开阔了艺术视野,他对甲骨文也有相当研究。因其久居津沽,也对戏剧、曲艺极为爱好,结识了不少名演员,京韵大鼓女演员林红玉(相声演员常贵田之外祖母)曾师事孟广慧,学习国画。林红玉当年显赫一时,骆玉笙1936年来津,此前林红玉和金慧君(艺名小黑姑娘)为津门女京韵的两块王牌。中华人民共和国成立前,曲艺场所多由京韵大鼓"攒底",是整个班社的一号演员,而相声多为"倒二",在过去即便有相声"攒底"，那也是在某个时期或某种特殊情况下出现的，属个案，相声真正"攒底"是在中华人民共和国成立后逐渐形成的。20 世纪 30 年代初的林红玉就是"攒底"京韵，由于她爱画，故经常向孟求教。说来有趣，孟本人并不擅画，却是评画、论画的高手，故对林的丹青技艺多有指教。

20 世纪 20 年代初，孟因事到京，闲时常到剧场茶社观摩，有一次到某书馆看到海报上写着"陈士和演出《聊斋》"。此时孟对陈并不了解，但对《聊斋》却不时翻阅，同时也听过天津西子云讲的《聊斋》，不知陈的讲述与奚有何不同，于是迈步进入书场。

陈给孟的第一印象就是在台上神完气足，音调清朗，台风既稳健，功架又极美，待等听其讲述，更迥异他人。陈讲《聊斋》，虽尊重原著，而细节之丰富，语言之生动，评论之得当，均能打动观众。孟先生对陈的技艺大为赞叹，当即想到，此人若到天津演出，必能出人头地技压侪辈，决定力邀陈先生到津演出。后来孟把此意向陈表明，陈先生经过考虑，决定到津献艺，并请孟先生玉成其事。

陈欲来津演出，是出于孟之邀请，还是陈早有此意？我想二者或许兼而有之，孟的邀请是出于爱其才，为津门书坛添加一员健将，令天津听众饱享耳福；而陈答应来津，可能是出于对天津这块宝地的认同。全国尽知，天津是曲艺之乡，这是诸多因素形成的，天津观众对曲艺喜爱之深和对演员演技优劣评判之准确，恐怕他乡异地难以匹敌。武断地说一句，当年天津观众若认定此人技艺高超，那他定能红遍全国，所以许多大师级的曲艺名家（北方曲艺)几乎都是从天津走出的。仅举一例,单弦大王荣剑尘,是单弦三大派(荣剑生、常澍田、谢芮芝)荣派的创始人。荣先生从业后已在北京走红,但还未到天津演出。这终为憾事,后决定到天津露演。初次演出,效果并不十分理想,只得停演回京,再度钻研技艺;过一阶段二次来津,这次演出效果虽较上次好,但仍不是十分理想。荣先生又再次回京,难能可贵者,荣老并不埋怨天津观众难侍候,而是细心揣摩自己在演出上的某些不足,回京后进一步钻研自己的技艺;直到第三次来津,果然红遍津沽,从此,奠定了荣先生“单弦大王”的称誉。

再如,鼓界大王刘宝全,其艺术实践和享誉声望主要也是在天津,接近晚年时每到盛夏则回北京,有时演唱一个短期,有时歇伏。其实那时刘先生的家庭已由天津迁往北京,他在北京演出时业务也相当好,其票价也较昂贵,甚至超过京剧名家言菊朋的票值。即使这样,一到秋凉刘先生仍回天津,直到转年夏天再回北京。为什么这样呢?我想,一来天津是他的艺术发祥地;二来欣赏他的观众,相对来说,还是天津胜于北京。所以他虽也在北京演出,甚至还到过南方,如上海等地,但他的演出大本营却难离津沽。非但刘宝全,白派鼓王白云鹏、铁片大鼓名家王佩臣、坠子皇后乔清秀,相声界的张寿臣、马三立、马德禄(马三立之父)、侯宝林、郭荣启、常宝堃、赵佩茹,等等,莫不是在天津走红从而誉满全国的。骆玉笙1936年来津后,即落户于斯。天津号称曲艺之乡,其言不谬矣。陈先生欲来天津,很可能有此种心理驱使。

再说孟广慧,回津后,以他的人脉而论,各书馆多表示愿意接纳陈先生。不过客观地说，其时各书馆对陈先生的技艺如何并不了解，尽管孟夫子对陈推崇备至，而是否能被听客承认，这又是一个问题。最后，孟广慧经过权衡，选择了福来轩茶楼，地点在河北关上。一切谈好后，陈先生于 1922 年来津正式登台，时年三十五岁。陈老自来津后，基本未到外地演出，也就于天津落户了，家住西南角原电车公司前，直到 1955 年去世。

津门书坛独占鳌头

对于一位演员，哪怕是名演员，观众乃至评论家对其技艺之评论也不尽相同，因看问题角度不同，就可能得出不同的结论，这也不足为奇，是正常现象。然而在评书界，业内外人士，对陈先生的技艺，鲜有不服者，类如鼓曲界的刘宝全，京剧界的谭鑫培、梅兰芳。

陈先生到天津“打炮”演出后，立即得到了广大观众的认可，认为他的评书说表俱佳，台风不俗，语言生动，感情真挚，给津门评书带来一股清风。此前，天津讲《聊斋》的西子云先生，基本上是依照原文照本宣科，和北京张智兰先生属于一种类型。自陈先生来津后，西先生逐渐淡出舞台，这也是无可奈何的事情。

天津的评书演出场地分茶馆和书场两种，茶社以茶资名誉付费，其收入由茶社经理和说书先生分账；书馆则是说一段一敛钱，演毕以收入和院方分账，评书多为三七账，即演员七成院方三成。陈先生在天津红了，于是各书馆茶社争相邀请。

当年陈先生在茶馆的演出可能多于在书馆的演出，如在侯家后一带的三德轩、东来轩，北门脸儿西边的宝和轩，鼓楼北的海锐茶楼（其旁有一澡堂也叫海锐），西头的德庆园和万有，南大道的永福和邢家胡同的福泉，南市附近的润香（官沟街）和通海（荣吉街）等地都演出过，而演出较多的三处为通海、润香和德庆园。

至于书馆，当年天津有百余家，主要分布于几个平民游乐场所，如南市东兴市场、河北鸟市、西门外三角地、河东地道外、河西谦德庄和新三不管儿（六合市场）。另外，北开、下瓦房、大直沽、贺家口以及郑庄子等处都有书场。

陈先生在书馆演出主要是在东兴市场，如宝山书场，还有河北鸟市的万恒、三角地的福来、地道外的立通等处。

客观地说有时陈先生在书馆演出，观众不如其他书馆踊跃，因为其他书馆演出的多是短打书或公案书，这些书情节紧张，个别情节甚至离奇，很能吸引观众，借用今天的话，这些书目可称"短、平、快"。《聊斋》和这些书目相比，难免有些阳春白雪的味道，上座儿略差也是很自然的事了。不过，书场上座率较差只是比起茶楼而言，有时在书场演出观众也是拥挤不堪。有一年陈老在地道外立通书场演出，座无虚席，门口还排着不少人，等待若有退出观众才可以趁机入场。

陈老有时也在各曲艺场所演出，夏时，还曾在中国戏院屋顶曲艺场和劝业场屋顶曲艺场演出。"曲艺"一词是 1952 年被文化部门正式命名的，过去以"十样杂耍"称之。每场演出总演四个多小时，包括各种鼓曲、相声、评书、杂技、戏法等，"说、唱、变、练"样样俱全。而评书均安排在开场，一来有"等主候客"之意，二来演出时间可长可短便于调节整场演出时间，陈老的开场即可吸引半堂多座儿。

陈先生在电台还有一档主要节目。那时电台多为私营，经济来源依赖广告客户，不是当红演员很难上电台，因为一般演员很难拥有广大的听众群，广告客户不会叫这样的演员上电台。陈老的评书因红遍津门，所以受到客户的极大欢迎。不过陈老的演出较忙，可以说全天忙于上茶楼、上剧场，那时电台又都是直播，不能事先录音，所以他的广播时间只能安排在上午或临近午夜，即使如此，电台和客户也要陈老“多多辛苦”，可以说陈老自上电台后，基本上就没有停歇过。彼时电台的影响力和现在大不一样，它对演员声望的提高，毫不夸张地说要超过现在的电视。陈老在天津之所以家喻户晓妇孺皆知，电台播音关系至大，尽管他的播音时间段不甚理想，却仍拥有大量的听众群，此无它，演述技艺绝佳也。

陈先生的盛名在当时的天津真可说如日中天，于是一些贵宦富商家里有堂会也经常请陈先生上演，还有一些豪宅经常请陈老去其家演说，行内谓之“家档子”。其实这些宅门请陈先生，有时说几段书，有时说书时间不长，其他时间是闲聊，当然每次也不白去，总要给陈先生一些报酬，或者赠送一些字画、玩品等，有些并非凡品，比如小德张就送给陈先生一些玩件，据说还有宫里的东西。20 世纪 60 年代初，我去看望张阔峰老先生。阔老系评书前辈金杰丽之徒，为天津曲艺名宿，非但评书擅演《三侠剑》《包公案》等书，且精于天津时调，时调前辈姜二顺（王毓宝曾师事之）

不时向阔老请艺，著名评书演员邵增清和李润杰均为阔老弟子。在我和阔老相谈中，提及陈老，阔老对其艺其人倍加尊重："老爷子拿我没当外人，买卖上的事（指表演技艺等）跟我不藏着不掖着，你瞧——"说至此，阔老指着桌上的一套银茶具（一银壶四银盅），"这是老爷子送给我的。"

据我想，这套茶具极可能是别人送给陈老，陈老转送张先生的。另外，陈老还有不少的名贵折扇，扇面不乏名人书画，只可惜如今散落无遗了。

上文我提到过，陈老自来津后，基本没到外地演出，只是在1939年天津发大水，回过北京一次。此次回京，对陈先生来说真可谓"衣锦还乡"，自离故都已经十七年啦，他虽没在北京演出，但其名声早已誉满故地。一些老听客早已翘首以待，急欲一睹今天陈老的风采，而实际上通过这些年的磨砺，陈老的技艺比以前确有相当的提高。所以这次回京演出，每天宾客如云，座无隙地，不但普通观众终日盈门，更吸引了许多梨园名家，真可说是好评如潮，可惜演出时间不是太长，没演几"转儿"。在这里需要解释一下，北京评书演期，一期谓之一"转儿"，时间为两个月，演员在某场地演出，或一"转儿"或几"转儿"，早由院方和演员定好；而天津的一次演期谓之一节，演员以三大节，即农历新年到端午，端午到中秋，中秋到春节为演出期。

陈老在京演出虽大受欢迎，但因与天津茶社早有约定，且已拿过订金，岂能爽约，所以大水退去只能回津接演。据说陈老最后一天在京演出念的开场词是：

金山竹影几千秋，云锁高峰水自流。
万里长江飘玉带，一轮明月滚金球。
遥望冀北三千里，朕到江南十六州。
美景一时观不尽，天缘有份再来游。

或曰此七律为乾隆所作，姑妄听之吧。这个开场词过去每个评书演员都用过，但据老听众谈，那天陈老念的充满感情，念到最后一句“天缘有份”时，陈老一拍醒木，略显低沉地念出“再——来——游”，此时全场异常肃静，许多听客为之动容，心内暗想：不知陈先生几时再能回京了，彼情彼景显示出听众和演员之间无限的惜别之情。

说书主旨："高台教化"

毋庸讳言，过去绝大多数演员是为求得衣食温饱而从艺的，认为艺人当有社会责任感者，终为少数。而陈先生可说是这少数者中之一员。陈先生的口头禅是："评书，要起到'高台教化'之作用，要懂人情，人情多大，买卖多大。"此处的"人情"二字，包含着诸多内容，如：该如何做人、如何行事、家庭伦理、人际关系、惩恶扬善等，都可归结在人情上。这也是陈老评书中着力表现的地方，以此体现出说书所起到的"高台教化"的作用。陈老所讲说的《聊斋》一书，虽是我国一部优秀的古典笔记小说，而作者蒲松龄终究是一位成长于封建时代的文人，有其时代的局限性，他的个别作品中也难免含有封建伦理的说教成分，宿命迷信之篇也或有之。陈老在书目选择上就极其慎重，他一生曾讲述《聊斋》百段左右，但最后保留下来的却只有五十段。这五十段基本算得上是这部书的精华之作，笔者大致把它归为以下四类。

一是刺讽贪墨。

在陈老的表演书目中，对封建时代的贪官污吏给予无情揭露和鞭挞的段子,占有相当的比重。如《梦狼》《王者》《席方平》《续黄粱》《张鸿渐》等,这些书目主题直指贪官污吏,即使《辛十四娘》《田七郎》《小翠》《伍秋月》等篇虽不以揭露贪官为主线,但也从侧面反映出一些贵宦家属乃至衙中吏役对善良百姓的种种欺压和迫害。陈先生对这些书目,在原著的基础上多予以二度创作,使篇中民主性的精华得到进一步提高。如在《考弊司》一篇中,从此篇题目中不难理解,这是一个考察一些官吏的衙司,却不料这个官衙的作为,其贪狠程度更令人发指。文中说"主其司者,名曰虚肚鬼王",由此可知这是阴间的一处衙所,蒲公描写此类题多借阴间、梦幻等。这也是当时的社会背景使然。

众所周知,清代文字狱甚于历史上各个朝代,为避文字之祸,作者多将揭露贪宦之恶借助在阴间或梦中,虚肚鬼王即为考弊司之"一号人物"。他给死者规定了一条:凡经过他的衙门的孤魂野鬼必须割肉一块,若想逃此一劫,必须花费大量金钱。就是这样一个衙门,原文上有这样描述,说衙门口有两块石碣,"上边各写四个大字,左边的是'孝悌忠信',右边的是'礼义廉耻'"。陈老于此作了进一步发挥:"其实老百姓在这八字的下边儿还各写着两个小字儿呢,可是这么着,您要不仔细看可看不清,'孝悌忠信'下边的俩小字儿是'未必';'礼义廉耻'下边儿的俩小字儿是'不能'。"这样,就对这个官衙的恶绩给予了进一步地揭露和讽刺。此外,在《席方平》中描写阴司各层官吏对善良无辜百姓的荼毒和残害,令人不忍卒听;在《王者》中,于"剥皮亭"一节的描写,均恰似一把利刃,直刺贪腐官吏。陈先生"高台教化"的主旨,于此都得到了最好体现。

二是颂扬人性美,鞭挞假恶丑。

陈氏书目中,这类节目也不少,如《荷花三娘子》,写一士人宗湘若和一狐女相恋,但因夜无虚度,致使湘若病倒。此时遇一僧人,言道,除却此狐易如反掌,只用符咒两道,净坛一个。将坛开口置于房间,上贴一符,可吸入此中,再以盆覆盖坛口,再贴一符,然后用火烧坛,狐可立毙。宗之家人依言而行,狐果入坛,将要火焚,湘若但见狐女给他带来的金橘撒满一地,顿时感到此狐并非对他无情,再者事到如今也非她一人之过。且今他病入膏肓,即将其置于死地,他亦难活。想至此,乃命家仆揭去双符,放出狐女,狐女感其德,乃踏三山,游五岳,寻来仙药,将宗治愈,复又为宗寻一佳偶,即荷花三娘子。在这里,书中显示宗和狐女均是以德报怨之人,突出了人性之美;而对假恶丑之徒,却极力予以鞭笞。

《霍女》一篇,过去陈老也常演出,书中所说,霍女乃一半人半仙式的奇女,此女美貌无匹。有朱大兴者,家财豪富,而悭吝至极,乃一"葛朗台"式的人物。但性好渔色,乃纳霍入室。霍女每日食则珍馔,衣则锦绣,且经常召伶人演唱,还需请众亲友来此看戏,而以盛筵待之,每日所费不赀。朱稍加劝诫,霍则辗转病榻,朱因爱其美,只得忍痛抛金。如此二年余,朱家业凋零,而霍女则亡去矣,后朱死竟无棺木葬之。时又有名士黄生,品貌虽佳而家境贫寒故独身处之,霍女乃自投其门,布衣粗食日夜操劳,后并助其发家致富。陈老演此段时把霍女在朱家的奢豪和在黄家的劳苦形成极为鲜明的对比，其意在于“为吝者破其财，为淫者速其荡”，霍女其神乎？

三是讴歌颂扬男女真挚之爱。

“爱情是文艺的永恒主题”，在《聊斋》中也不乏爱情篇。陈老所选的爱情书目，均具特色，如他演的《瑞云》《阿宝》即属此例。

《瑞云》篇说的是杭州名妓瑞云，才艺双绝，面貌极美，达官富贾无不慕之。而瑞云于此只不过品茗对弈而已，即使花去万金也决不留宿。有贺生者贫士也，因闻瑞云之才乃竭资而往一会，瑞云对其情有独钟，且想挽留之。而贺对瑞云虽极为爱慕，但家徒四壁不敢有此妄想。后来瑞云患病，全脸变黑，昔日客人不见一人，每日与奴仆同处，贺生闻此信，力筹三十两纹银将瑞云赎出娼门，不嫌其丑陋敬爱如昔。陈士和讲此段时特别突出贺生对瑞云说的一句话：“人生所重者知己，卿盛时犹能知我，我岂以卿衰故忘卿乎？”对贺生、瑞云的真挚之爱给予赞美。

而在《阿宝》一篇中，痴生孙子楚为求阿宝为偶，不惜刀剁其指（子楚生为六指），又曾变成鹦鹉。总之，为得佳妻不怕受尽折磨，最终有情人终成眷属。陈老为表现孙子楚的痴情，讲得情真意切，打动了每一位观众。

四是对女性的赞美。

在封建社会中，绝大多数妇女被视为男性的附属品，许多封建礼教禁锢着广大妇女，蒲氏却在《聊斋》中写了几篇赞美妇女的作品，陈老也选择了多篇这类精华之作，他所讲述的《仇大娘》

《庚娘》可为代表。

仇大娘是一个普通的农家妇女，亲母早丧，其父又续娶继母，生下二子，长弟仇福次弟仇禄。后其父被寇掳走，家中只有继母二弟，族人及村中歹徒不时欺凌。后仇福娶妻姜氏，极贤，二弟攻书。村有奸人魏名，诱仇福赌博，田产尽失，又鬻妻姜氏，而福逃门在外，继母气急病卧在床，仇大娘久不归宁。后闻家中变故乃归家，见母病弟弱，家业凌替，乃呼堂鸣冤，县令将众赌徒惩之，田产归还仇家。后仇大娘历尽艰辛地使家业复兴，全家团圆，而大娘却孑然一身回归已家。福、禄兄弟皆曰："无姐无今日，请留之。"后其父将家三分之。陈老讲此篇对仇大娘兴家之一言一行一举一动皆扣人心弦，后得出结论，有人问大娘："对继母之弟并非同胞缘何如此关切？"大娘答曰："知有母，不知有父者禽兽如此耳。"陈老把大娘塑造为一个完美的大孝女，弘扬了中华美德，七尺须眉难望其项背也。

再说《庚娘》篇，庚娘，乃士人金大用之妻。因避乱，举家渡舟南迁。同舟王十八，匪人也，因窥庚娘美，欲占之，庚娘已察其意力劝大用防之。然十八狡诈至极，伺机将大用及其父母推入江中，逼庚娘成婚。庚娘佯允之。新婚之夜，庚娘手刃贼人，后几经周折大用庚娘破镜重圆。陈先生在讲述此段时，把庚娘沉着、机智、勇谋兼备的性格处理得相当完美，加之情节曲折，观众得到极大的艺术享受。陈老讲述中心，是据蒲氏原文中的一句评语："庚娘手刃仇雠，千古烈丈夫中岂多匹俦哉。"所望造的。

艺术特色

陈先生之评书所以受到界内外的一致好评，其艺术自有过人之处，若能作一全面诠释，以我之愚鲁，实难做到，今仅就一得之见，做个简单介绍，以教高明。

一是情理交融。

陈老常讲，“别说糊涂书”，意即把书要说得合情合理，才能把观众说得在享受艺术时又能在书中得些启迪。所谓情理交融才是说书人应该努力做到的，陈老于此点可说做到极致，仅举一例。

《珊瑚》一书中，说的是安姓之家，大成、二成昆仲及母沈氏。大成娶妻，小字珊瑚，相夫爱弟事婆至孝。然其婆母刁钻阴狠，比之《古诗为焦仲卿妻而作》中之婆母，恶尤过之。珊瑚极尽孝道，终难讨得婆母之欢，大成愚孝唯母命是从，最后竟将珊瑚逐出家门，珊瑚几经周折，最后来到沈氏之姐于宅家中寄宿。沈氏之姐于媪深知妹之不善待珊瑚，故愿留之。珊瑚之弟兄劝其另适他人，珊瑚坚拒，每日在姨婆家纺织度日。后二成也婚，其妻臧姑，狠毒甚于其婆，沈氏却惧之如虎，终日笑脸待之，臧姑待之如奴仆。大成母子暗中哭泣。沈氏此时想起昔日珊瑚之贤已生悔意，沈氏后终因气郁而辗转病榻，二成夫妻终以路人待之。沈氏之姐于媪闻妹病，至其家，沈氏心稍宽慰，坚留其姐。于家不时有美食奉敬，于媪言，此我媳所做，沈氏言，姐之媳真贤妇，于言："妹有贤妇如何待之？珊瑚贤否？"沈氏乃言，不知珊瑚现居何处，心中之想念已显矣。于媪欲回家，沈氏言："姐归妹不得活也。"后沈随姐至于媪家，于始言："珊瑚在我家，前所奉美食，皆珊瑚纺织所得之资为汝烹之。"言至此，珊瑚自屋中出，见婆母双膝跪地："娘……"这一"娘"字陈老念得感情极为真挚。其实，此前陈老为婆媳相见一场已铺垫得有节有序有情有理，人物思想之转变已是水到渠成，演说至此莫说沈氏婆媳双双泪下，即使听众也莫不心潮起伏情感难抑，乃至有潸然泪下者，如此情景交融之表演怎不令听众动心？

二是人物刻画。

说书人所讲主要内容就是描写人物和讲述故事，《聊斋》因是著名笔记小说，故在讲述时不能滥加情节和主要人物，当然细节的丰富和次要人物的增添还是允许的。陈老在刻画书中主要人物时悉遵原著之描写，从人物语言、行动处处结合原著并有发挥。刻画人物较难之处，在于同一环境中，近似的人物从语调口风中就能听辨出这是谁在讲话。陈老最精于此道。比如在《莲香》一篇中，莲香和李氏同恋书生桑子明，莲香乃一狐，李氏乃一鬼，二人的言谈话语绝不雷同；在《珊瑚》一篇中出现三个老太太，每人的谈话、语气也各如其身份。我谈的主要是从技术层面而论，人物刻画的具体体现主要还是通过情节事件来完成。

另外，陈老的刻画人物还很注重外貌的描写。业内术语谓之“开脸儿”，如在《考弊司》一书中，陈老对虚肚鬼王的开脸儿是这样描写的：

这个主儿可太寒碜啦，远远一望，在大座儿上显得矮矮的，估量着站起来也绝对高不了，人矮，可够胖的。脑袋上的头发直打卷儿，脸挺大，长眉毛又黑又粗，上眼皮耷拉着几乎把整个眼睛盖上了，可以说任什么也瞧不见，可要是有人送来金银财宝，他那眼皮才能扑啦往上一翻，这才什么都看清楚了，平常两只眼可以说闭得严丝合缝儿，这叫什么呢？六亲不认！鼻子又长又大，翻着鼻孔，就像掏去莲子的干莲蓬一样。火盆大口，上嘴唇短，下嘴唇长，精薄的嘴唇，两颗虎牙两边儿支着，探出来足有一寸来长。有胡子吗？有，两边儿长着两撮，当中间没有，最出奇的是耳朵边儿往后卷卷着，在前边看不见耳朵眼儿，非得从他后边瞧得见耳朵眼儿，怎么这么长着呢？敢情这路官儿，你要是正大光明跟他在前边回话，他听不见，耳朵眼在后边儿呢！你要绕到他身后跟他一嘀咕，不怕声音多小，也听得见，嘀咕什么呢？“大人，您得高高手，这位跟我是至亲，对您的孝敬早就预备好了，合衙人等大有大份儿，小有小份，落不了包涵，您多为力吧！”您想这种话不能当着人群大堆说呀！只能在后边儿“交易”，故此耳朵长后边儿了。您再看他这身材,就是一个肉墩子,乍一看,就像一条河豚鱼坐在正座上,最特殊的地方儿,是腆着个大肚子,探出多远去自己总拿手托着,可以说摸不着自己的肚脐眼儿,这么个大肚子,是不是吃得太饱了?您要这么想可就错了。饱?没个饱,他总觉得肚子里虚得慌,要不怎么叫虚肚鬼王呢?

上面对虚肚鬼王的“开脸”,语言既生动又活泼,夹叙夹议,也给听众加深了印象。

三是评论得当。

评书,必须有评的成分,但评书之评不能有长篇大论说教式的评论,多为在讲述故事时随讲随评,几句即可,但往往有画龙点睛之妙。比如陈老在讲《张鸿渐》一篇时,因为秀才范生被卢龙县恶县令赵某杖毙堂下,众同学要为范生申冤请求张鸿渐写状纸,鸿渐出于义愤而答应了。待等同学走后,张妻方氏说了几句话。陈老先说原文“大凡秀才做事可共胜而不可共败,胜则人人俱贪天功,一旦败则纷然瓦解不能成聚,今势力世界曲直难以理定,君又孤,脱有翻覆急难者谁也?”陈老把原文做了解释之后说:“鸿渐他也知道这个知县又贪又狠,大伙儿找你写状子,知道你熟读律条,状子写得好,可这回你是告的知县啊!方氏已经料到这状纸呈上去是凶多吉少,最后他必然追查写状之人,到那个时候这帮秀才可能是自顾不暇啊!尽管状纸没有你的签字,你也脱不了干系。人家方氏把事情料得太准了,而且把事情结果说得是很明白啊！原文对方氏的评论是‘美而贤’，蒲老先生说方氏贤，从这儿就可以看出来，方氏的意思是这状纸不能写，可是你已经答应人家了，所以劝鸿渐得有个防备，后来果然不出方氏所料，要不怎么后来惹出这么大的祸，三次逃出家门啊。常言说，家有贤妻男儿不做横事，这话太对啦！”陈老在说明状告赵知县后果的时候，夹带着评论几句方氏，显得既不突兀，又顺情顺理。

在说演《毛大福》时，说毛大福这个人是外科大夫，人性也好，医术也高，可以说是“贫不取利”。穷人找他看病的很多，不但白看，还白给人家药，因为每天找他的太多，陈老给了毛大福一个“小结”：“从毛大福开始给人家看病算起，一晃就是三年来的啦。您再看他家，两处房啊，剩了一处啦。老人家留下的十多亩地，也去了十之六七啦。眼看着这日子就成问题了，您猜怎么着，他也不着急，也不抱怨，他认为救人要紧啊。叫我说，这才叫悬壶济世呢！”几句小评就把毛大福的忠厚性格表现出来了。他的评论大多是褒善贬恶，启迪听者如何做人，这也是使评书起到“高台教化”的作用。

四是语言生动。

在陈老的表演中，真正体现出了口头文学的魅力，其状物、写景、述人、摹情，无不得以体现，仅举一例即可看出。在《梦狼》一篇中，白翁知道自己的儿子为官贪暴，面对此不肖之子，愿他早日归天，但求不要累及家人，若其速死也可免得再荼毒百姓。陈老述道：“常言说虎毒不食子啊！您说当爹的恨不能叫儿子早死？白发人送黑发人？于理不通啊！为什么会这样呢？没别的，这儿子太叫白老头伤心了，太叫这个爹恨了，留着他简直是百姓的祸害，也显见这个白甲作恶多端之程度了，想到这儿，叫家人赶紧找块坟地。老头儿知道，他活不长，家人听罢找了个风水先生，看风水的都得给主家找块宝地呀！这位先生拿着个罗盘，这儿找那儿找，还真找着一块，告诉本家，人要埋这儿将来后辈必出贵人。家人跟白老头一说，白老头一听，不行！家人了解白老头儿的心思，跟风水先生一讲，嘿！还有这个事，好办！风水先生心说，我给您找块'绝地'，还跟白老头儿说：'在坟地边儿的犄角儿上开一个穴，这个穴跟寻常穴不一样，要个圆的，三尺多不到四尺的一个口面，得七尺多深，刨个土井子圆坑，棺材来的时候，把它立起来，头朝下一埋，埋完之后别起坟头，拿土把它垫平了，您预备好三个七寸长的桃木橛子，按照三角儿，掉着个儿钉在坟地上，我敢说，死者到了阴间，也是生生世世不能托化。'"这种语言的使用，真是把白翁对儿子的诅咒之情描写得已达极点了。

五是精说典故。

蒲氏《聊斋》中擅用典故，陈老在讲述中也擅说典故。《聊斋》原文中的典故，多在判词中出现，文体则多为骈文，蒲氏不愧文学巨匠，他的骈文不但句式规范，而且语言精美，嵌入之典故为其文增色不少。在讲述《胭脂》和《席方平》二篇时，陈老要背诵灌口二郎的判词（席方平）共 370 字，而胭脂判则多达 572 字，也要一气呵成，当场背诵，当然剧场效果极为热烈，掌声雷动。同时，判词中所涉及的某些典故，陈老也要讲述，如二郎判中的"强项董宣""请君入瓮"和胭脂判中的"连城之玉""倩女离魂"等，均做较详尽地解说。听众最爱听的是《嫦娥》一篇中的“赠绨袍”一典，此典在书场可说上十多天，讲述本着《史记》中“范雎列传”和冯梦龙的《东周列国志》为依据。在表演中基本以“袍带书”的说法来讲述。陈老的列国典讲述极好，常戏言：我能开半套《列国》，此言不虚也。

六是擅设“拨口”。

“拨口”乃术语。众所周知，评书，过去都是讲的长篇评书，一部书总要说两三个月，甚至还要多。一般讲，一部书总要有几个大的事件组成，比如《三国》，基本上由三个大战役组成，即“官渡之战”“赤壁之战”和“彝陵之战”（即刘备伐吴，兵败白帝城的故事）。这三大战役就称为“坨子”，“坨子”又由“回目”组成，如赤壁之战中就包括“蒋干盗书”“草船借箭”“阚泽下书”“火烧战船”“华容挡曹”等众多回目，回目大小不一，小回目只说两三天，大回目或许七八天。而每天在书馆说书，一段儿一敛钱，每次敛钱要拍醒木，拍木敛钱，实际就叫一个“拨口”，而每天散书，则称为大“拨口”，摔“拨口”时往往在情节紧张或撼动心弦之处。

业内人士尽知，陈老的“拨口”设置匠心独具，他人莫及。《聊斋》一书不同于其他袍带书、短打书，没有多少打打杀杀的热闹情节，陈老却以精湛的表演和生动的语言，“拨口”可以信手拈来，人物语言、心理活动、表演动作以及“包袱”都可设置“拨口”。如《王者》一篇中，说四名州佐押解六十万饷银，夜宿古庙，结果银两不翼而飞，四州佐遍寻不着。这天四人正往前走，对面来了一双目失明的卜人，离他们足有百步之余，四位一想，有病乱投医,四位一商量,找他算一卦,问问饷银下落。四位紧往前走,算卦的一手拿着马杆,点地前行,一手又敲着“报君知”,就是那小铜锣,这两只眼啊,光瞎不算,俩上眼皮还耷拉着,这四位刚走到这位先生跟前,还没说话呢,这瞎子张嘴了:“四位！上哪去?”这四位吓一跳,心说,这位是瞎子吗?说到这儿是个“包袱”,又是一个“拨口”。又如《田七郎》一书,写辽阳富绅武承休梦中有神人相告:“子交游遍海内,皆滥交尔,唯一人可共患难——田七郎。”武承休醒后问众人七郎何许人?皆不知,后多方打听,乃一猎户。武访之,因七郎事母至孝,母不令子与武交,更不许兄弟相称。后七郎妻病殁,武花银甚巨料理丧事。田母言,其所费之银日后可还,仍不令与武交。七郎进山打猎,为争猎豹使人至死,七郎被押入牢中。未几,竟当堂释放,七郎心中暗想此必是武承休员外上下疏通救我一条性命,可是老母不令我与之交往,将来如何见员外?七郎低头出衙刚下台阶儿,就听对面有人呼唤:“七郎贤弟!”七郎抬头一看,正是武承休！“啊!”此时就见七郎满面通红。“这……”他不知说什么好了,双手一搓:“啊呀!”演到此处陈老一拍醒木,啪！往往此处作为结束,他把七郎的内心世界的种种矛盾用这个动作作出了无言的诠释,真是处理得妙到极巅,给听众留下无限遐想,那真是一种艺术享受。

陈先生的晚辈在演出中基本都保留继承了陈老使用“拨口”的风范。

七是书口戏架。

陈老一直认为评书演员要讲究“书口戏架”。所谓书口,是说评书演员要做到讲述时字真句清,字字送到听众的耳音里,要说得层次分明、条理清晰。“戏架”是指对人物造型要有舞台美,犹如京剧演员在台上的“亮相”,当然,并不是时时都像戏剧演员一样在台上演评书,而是指一些特定的情节要有这种表现。比如他在讲《田七郎》时,说到七郎打虎一段,就有几个特定的动作,颇似一个武生演员在台上展现出的风采,听众对此也给予极高评价。

八是“菜码”多多。

“菜码”在这里指的是“书外书”。评书前辈蒋轸庭先生,每说完一段“书外书”,就常跟听众说:“您可别认为我刚才说的是‘闲白儿’,那可不是‘闲白儿’,那是‘菜码’。怎么呢?您瞧,我说《剑侠图》,别人也说,都是捞面,我的座多,没别的,‘菜码’多呀!”陈老的“书外书”就招人爱听。他自幼出入王府,对达官贵宦所见多多,成年后又经常入大宅门儿上堂会,所以对上层人物的各类典型以及宅门的规矩、生活现象多有了解;同时他平时又生活在底层,对市井小民、贩夫走卒更为了解,总之,他对社会现象了如指掌,对一些世俗民风,听得多,见得多,对医卜星象、五行八作、衣食住行诸般知识积贮于胸,随时可作“书外书”之用。有的观众戏言:“陈先生说一碗清汤就是一段书。”确实,他说做一碗高汤得用多少鸡,多少鸭,多少排骨,多少鸡蛋,煮到什么火候,再怎么滤出高汤,极为详细,再如说起办红白事那就更详细了。不过,“书外书”切记不能令听者感觉乏而无味,否则这样的“菜码”不吃也罢。

成功之因

陈老之所以能成为评书界一代宗师，不外有如下几个原因。

一是刻苦自砺。

陈老自从艺后无一日不在分析、研究、提高自己所演书目。陈老对书目演出，可以说是时时进取的，只不过一般观众不大感觉得到，因为他的进取或者在某一小的环节，或者是对某个人物的塑造以及语言处理，这就和梅兰芳先生演戏一样，每次演出对某戏都有一些细微变化，其目的就是令该剧更臻完美，陈老也如是。京剧名家李少春先生曾说："咱们唱戏，得像陈士和先生说《聊斋》一样，讲究一遍拆洗一遍新。"少春是陈老的忠实听众，他看陈老演出自是跟一般听众有别，他看得更细致、更专注，所以才能有这样的评论。

二是博采众长。

陈老年轻时，正值北京书坛名家多多，如潘诚立、田岚云等，双厚坪更和谭鑫培、刘宝全并称"艺坛三杰"，有评书大王之誉。有一次双先生说《水浒》，在说到武松提刀直奔狮子楼斗杀西门庆时，时间已到明天接演。刚散书，一位观众来到台前说："双先生，明天我得出门办事，得去十几天，我跟您商量商量，等我回来的时候，我接着听您今天留下的这扣子，可有一节，您不能换别的书，也不能休假，真要是这样，我奉送一百现大洋。"这位书座是个常客，家里也有钱，不过这个条件太苛刻了，当时还有些位书座没走，大伙心说，一百现洋，钱倒是够可以的，可双先生这书怎么说呀！没想到，双先生略一沉思，"得，咱们是一言为定，您什么时候回来，咱接说今天留的这个扣子"。他又指了指那几位书座："这几位算见证人。"十几天后这位书座回来了，双先生刚要开书，见这位进屋之后走到台前匀了个座位，他一看听众比先前只多不少，心中正在纳闷儿，双先生一拍醒木："前者咱们说到武二爷提刀直奔狮子楼……"果然按着先前所谈，接着十几天前留的扣子讲下去。散书后，这位书座一打听双先生这些天这些天说的什么，原来双厚坪从狮子楼的建筑谈起，又提北京某些大宅门的建筑以及宅内一些奇闻轶事，一提建筑又招来一些瓦木油石等工匠，一些轶事又吸引人，所以终日听客盈门，这位书座听罢介绍冲着双先生一伸拇指："罢了！双先生我算心服口服了！"当然，转天百元现洋也送到双先生手中。

又如田岚云，擅说《明英烈》，书说得好，功架尤其漂亮，因他学过京剧，说到常遇春马跳围墙时，他抬左腿，绕过台上书桌，右手扔起扇子，左手接住，右手再拍醒木，口中念道："常将军马跳院墙，是大闹武科场。"几种动作同时并举，观众无不赞叹。

潘诚立说书也是文武兼备，既能把人物说得栩栩如生，丝丝入扣，动作也极好。他曾得到武术家芮沧石（清末湖广总督瑞澄之弟，武术名家“大枪刘”弟子）的指点，书中情节说得精彩有致，《岳传》中，岳云锤震金蝉子可以说好几天，层层相扣，观众听得如醉如痴。

陈先生比以上几位年轻，得暇便观摩诸人演出，诸君技艺之长，陈先生择善而从，后来从业后，又融入自己的东西，故其演说技巧更加完美。

三是观察社会。

评书中的人物描写和塑造，都要有一定的生活基础。演员要深入生活，体察社会上各种人物的内心世界和种种作为，以此来充实自己说书时对类似人物的描写，这就能使书中人物更加生动，且有一定生活基础，也可令听众更加信服，有些说书人只顾情节紧张而忽略人物塑造，这就难以步入名家行列。

四是多方学习。

上面提过，陈老虽拜张智兰为师，但在学艺上不囿于一家，而是广采博收。同时，他尤其注重多向文人学习。陈先生和许多京津文人有所交往，如北京的庄荫棠、金受申，天津的孟广慧、戴愚庵、刘云若等，并不时向这些文化人请教一些问题。他本人也喜看书，尤其有关《聊斋》的文字资料，只要见到便仔细阅读，细心揣摩，如北京 1912 年在樱桃斜街创办过一份《群强报》，该报曾刊载过湛引铭的《白话聊斋》，陈先生每日必读，汲取有益成分，为其讲书服务。

陈先生艺术视野广泛，尤喜京剧，其人物造型，多吸取京剧身架，即前文所说“书口戏架”。因之他和许多京剧演员多有交往，但他们在艺术上是互相借鉴的。正如“十全大净”金少山所说：“咱们跟说书先生交往各取所需，你唱张飞，不听《三国》行吗？你唱秦琼，不听《隋唐》行吗？人家说书先生把书中人掰扯得清楚，咱听完了，唱着心里有底，人家跟咱们学身上。”因为陈先生的艺术造诣深得梨园界服膺，所以京剧班社排演《聊斋》戏时多请陈先生相帮，比如李万春排《田七郎》，尚小云的荣春社排《崔猛》，都请陈先生指导过。有一次我和挚友、曲艺评论家倪钟之兄去评书老演员张枢润先生家访谈，张说，某年有不少评书演员为陈先生祝寿，宴于某饭庄二楼。宴间，有堂倌上楼对陈说：“陈先生，有位朋友拜访你老。”陈先生起身将要下楼相迎，来访者已然上楼，陈老一看：“敢情是富英啊！”原来谭富英先生正在天津演出，不知怎的知道今天是陈老寿日，特来祝贺。从陈老对谭先生的称呼中，足可见证他和这些名伶是相当熟识的。

许多评书演员也向“书座”学习，陈老也属此例。评书听众和其他剧场听众与演员关系不同，他们和说书先生关系颇为亲近。一般评书演员都是提前来到书场，比如两点开书，先生多在一点半前就来到书场。此时老听众也已来了不少，他们之间互相聊天儿，这聊天当中，先生即可学到不少东西，因为书座当中有不少并非等闲之人。以过去陈老经常演出的地安门外广庆轩书场来说，其中有些常座儿赫赫有名，如溥儁，乃清端王载漪之子，1899年西太后曾立他为大阿哥，以接光绪之位，庚子后又将其废掉改立宣统，熟观众都以“万岁爷”称之，因彼此熟识，故以此调侃。李乐亭，曾为清宫四十八处大总管；小德张出宫后居住天津，有时回北京也常到广庆轩听书；溥儒乃恭亲王奕䜣之孙，名画家，与张大千齐名，有“南张北溥”之誉；另外，光绪甲辰科状元刘春霖，居家京津两地，在天津居处人称状元楼，在北京时常到广庆轩听书。他曾给上海两位闻人“点主”。所谓“点主”指丧家之木制灵牌，墨笔竖写“某某之神主”，神字少写一竖，主字少写一点，达官贵宦多请有名文人为之用朱笔添上神字一竖和主字一点，谓之“贯神点主”，司其职者谓之点主官。犹太富商哈同死后，其遗孀曾请刘春霖为其点主。另外，1931 年杜月笙重建杜家祠堂，也请刘春霖点主，每次各得五千大洋的酬金。再有，政界人物也有爱听书的，如江朝宗，清末当过步军统领，民初代理过国务总理，得暇也常到广庆轩听书。

书馆还是斗富场所，小德张等人戴的帽正，多是珍珠、翡翠、玉石镶嵌。夏天的扇子，有的几乎一天换一把，不但扇股名贵，扇面也多由名家题字作画，“千金一扇”不过也。小德张的鼻烟壶，是一个有名的金口郎窑；李乐亭烟袋上的大烟袋嘴儿，由一块上等祖母绿雕成，这些物品恐怕在今天的珍品拍卖会上也难以看到。

这些“书座”经多见广，言谈话语中经常会谈些平常人难以闻知的事件，这些材料说书人听到必视为珍宝，陈老在这种环境下耳濡目染，怎能不增加自己的知识。

尽管陈老在书坛盛名极大，却还是虚怀若谷，闻过必改。有一次陈老在电台播音时，说到寡妇再嫁用了“再作冯妇”一句成语。未几，电台接到转予陈先生的一封听众来信，信中说，“再作冯妇”乃一典故，典出《孟子》，并非指寡妇再嫁。冯妇，壮男也，勇能打虎，后发誓不再杀虎。不料，某日冯妇走到一处，碰到一群人在山上遇到一虎，众人捕之未果，冯妇将虎杀之，有悖前言，此典指重操旧业之意。陈老接到此信后，本来可以给对方回一封信，表示感谢，因广大听众对此典故不甚了了。陈老没这样做，他立即在广播中声明：“学徒我（过去演员在台上或广播中多自称学徒）经师不到，学艺不高，前者我说过寡妇再嫁，提到再作冯妇这四个字，我以为冯妇是女人了，这可错了。现在有位先生来信告诉我，这是出自《孟子》的一个典故，这冯妇是位打虎汉子，这可真闹了笑话了，是表示重操旧业的意思，我说这句话是望文生义啊。这叫只知其然，不知其所以然。我除了感谢这位先生，还得跟各位听众道歉，我怕拿我说的话以讹传讹，那我可造孽了。”陈先生公开认错并没有影响他的声望，真是令后辈演员学习的榜样，不能文过饰非。

辈分趣谈

今天以京津为中心的北方评书，据传为王鸿兴所传。王鸿兴的文字资料尚无发现，只是凭历代评书艺人口口相传知其大概，或曰曾受过大说本家柳敬亭的指导，因此技艺较高，鸿兴所传又有“三臣五亮九茂十八魁”之说。第二代之三臣即何良臣、邓光臣、安良臣；据倪钟之兄悉心考证，第三代为“庭”字辈，有赵庭珍、柯庭然等；第四代即“十八魁”之“魁”字辈，如尚魁明；第五代为瑞字辈，如王瑞和、应瑞山；第六代为连字辈，如赵连璧、韩连玺。此际又有其他分支，与“连”字辈同辈者有“茂”（即九茂）、“文”“德”；第七代为“诚”“致”“岚”等字；第八代为“华”“豫”“豪”“雄”“正”“杰”等字；第九代有“存”“轸”“阔”“荫”等字。

而说《聊斋》的演员，和王鸿兴所传并无瓜葛。他们多是文人出身，北京除陈老之师张智兰外，最早有德月川及单长德、曹卓如等人，天津有西子云。不过早年从事说书业，多有“门户”，即正式拜师，不然的话有的就可能遭到评书界的阻拦，行内谓之“横买卖”。评书前辈顾存德先生曾和我谈及，早年天津有张卫臣者，本一文人，后落魄说书，演出《三国》，因其熟读《三国》，口才也较好，受到听众认可。结果，某天在庆阳茶楼演出，来了两位评书演员，一位常杰淼(《雍正剑侠图》编撰者)，一位周坪震，与张"盘道"，并把一方手帕搭在张的扇子和醒木上，念道："醒木一块为业，折扇一把生涯。幅子一条四角搭，用时千变万化。"有老观众知常、周二位是来"横买卖"，即有听客上来解劝，实际上张先生确实《三国》说得很好，后来此事又经人说合也就不了了之了。其实不单是评书，过去京剧演员不拜师也难以从业，但也不是绝对拜师不可。言菊朋为京剧四大须生之一，可他没拜过师，梨园界也不得不承认，说到底还是艺术赢人。

辈分之说是过去比较重视的一个行规，从积极方面讲，它有艺术传承之意，但对今天来说，也不必过于认真。其实，即使在过去也因多种原因或有亲属关系，或是结义弟兄，或因私交甚好辈分虽差，却以弟兄相称。袁阔成先生辈分很高，但他和许多晚辈多以兄弟相称。

以陈老来讲，其师张智兰即无"门户"，可是他又确实被公认为评书演员。而在京津两地说演《聊斋》的，却多为陈老晚辈，似已自成一支。陈老的后几代，以"健立功业"四字排名，据我所知，"健"字辈有闻健华(据说原系报人，因喜陈氏艺术而拜之，却未曾见其献艺)、刘健英、张健声(原系文明戏演员，名张笑声，曾灌制过唱片，戏剧知识颇丰，20 世纪 40 年代中期拜陈)、曹健峰、刘健霖(追随陈老多年，本为商人，始终未下海，陈老的段子掌握很多)，北京还有一刘健卿，"健"字辈艺业最佳者当属刘健英。

刘老文化素养颇高,在继承陈老的技艺中,根据自身特点,在《聊斋》讲述中又有了新的发挥,是昔年津门评书界最受听众欢迎的演员之一,其上座率不曾稍衰,惜乎年逾五十即魂归道山,彼时陈老也在病中,爱徒之殁加重了陈老病情。

“立”字辈有刘立福、张立川、王立平、杨立恒等。立福先生为佼佼者,少时即随乃翁健英先生学艺,又不时观摩陈老之艺,故陈、刘二老之精髓,立福先生尽得之,更兼本人既聪颖又努力,因此事业有成,九十高龄,仍能登台,惜乎前些年也故去了。“功”字辈有张立川先生收一弟子王功庆,和功庆同时拜师者有冯玉春(艺名久春)拜顾存德,孟祥光(艺名开荣)拜邵增涛,当时文化局刘瑞森、赵俊杰同志曾到现场,“功庆”之名乃老评书家边豫棠所赐。据说现在有些中青年也说《聊斋》,且反映甚好令人欣慰。在新时代,“门户”之说似乎也不必过于着真了,互相学习,取长补短,努力继承并发展前辈艺术才是更要紧的。另外,除陈老正式所收之徒外,其他演员也有追随陈老者,顾存德先生即其一。顾老本徐豫田先生弟子,早年曾说过《隋唐》,后以《剑侠图》一书有名于时,但对陈老《聊斋》备极喜爱,中华人民共和国成立后改说《聊斋》,颇得好评。单弦名家张伯扬始终在陈老面前执弟子礼,陈老上电台,伯扬多为之报广告,以使陈老休息片刻,其艺也得陈老指点,他唱的《胭脂》,所念判词即得陈老指导多多。

遗作之憾

陈老平生讲述的《聊斋》书目,有50段,但只整理出14段,老先生即与世长辞,这是人力不能挽回的一个民族文化的损失,徒唤奈何!

据我所知,出版演出本,陈老可能是中华人民共和国成立后北方曲艺界的第一人。起因是这样的,1952年,陈老是参加全国文代会的天津代表之一。会中,陈老为周恩来总理和中央其他首长表演了一个《聊斋》小段《梦狼》。当时,中国语言研究所专家吴晓玲得知此信,立即趁此机会,准备了一部钢丝带录下了这个段子,陈老的表演得到了周总理和在场所有观众的赞赏,吴先生又委托北京民俗专家、陈老故友金受申先生加以整理,发表在通俗刊物《说说唱唱》上,这就使更多的人了解到民间口头文学中竟有如此优秀的作品。

此事对天津文化界刺激尤甚。陈老本系天津评书家,其作品却被北京刊发,于是天津作家何迟征得文化局领导同意,成立了"陈士和《评书聊斋》编辑部"。此时,陈先生已为天津文史馆馆员，由馆内发工资，不考虑再上茶园，全部工作以录书为主，办公室就设在文史馆内。

评书表演不同于京剧清唱，最好有观众，可以彼此至相互交流，这样表演起来才更生动，通过和观众交流，把书说得更精彩。最后决定陈老每晚七点在南市通海茶楼演出，每天晚上座无虚席。台上安放一台录音机，然后根据录音再整理成文字。

陈老正式录书已是 1954 年 10 月份了。以何迟同志负总责，录制成员还有吴同宾、张国贤、张奇墀（速记）等。

在通海茶楼录制一个阶段后，陈老因曾患过半身不遂，上下楼多有不便，复迁至文史馆内一处接录。陈老夫妇也住在文史馆，这就方便多了，每天也有几十人到场聆听，效果较好。但陈老究竟是近七十岁的老人了，又因得了半身不遂，虽然基本上还能照常工作，精力已比以前差多了，但还是尽其全力把书演好。经过三个多月的工作，录制完成《崂山道士》《梦狼》《王者》《画皮》《续黄粱》《考弊司》《席方平》《阿宝》《瑞云》《云翠仙》《向杲》《毛大福》《小翠》共十三段。

1955 年 1 月 12 日谢添因事路过天津，听说陈老在文史馆录书，特来专访。老友重逢，陈老喜不自胜，此前他们曾合拍过一部电影《六号门》，郭振清饰码头工人胡二，谢添饰恶霸马金龙，特邀陈老饰马八辈，是老恶霸马金龙之父，二人彼此合作默契，影片取得良好社会效果。今天老友重逢，陈老异常兴奋，由下午一直谈到很晚，谢添才告辞，但陈老却由于兴奋过度，突发脑出血，经抢救无效，于 1955 年 1 月 16 日病逝。

陈老的追悼大会在小剧场(今延安影剧院)举行,各有关部门、天津文艺界代表和观众代表挤满会场,花圈、花篮、挽联无算,追悼会由何迟主持,文化局长李霁野致悼词,界内外对陈老之病逝无不惋惜。

陈老病逝前,《崔猛》一段正录到一半,后半段由其徒刘健霖补录,以成全璧。上述各段,除《小翠》因故未能出版,其他各段均已付梓。

据老学长张国贤兄言,何迟殁前曾讲:"我在整理陈老的《聊斋》时,删得太多了,并且按当时阶级斗争的观点去整理补充,留下了无法弥补的遗憾。"业内同仁也多有这种看法。

那么,删去的是什么呢?大多是"书外书"。当时误以为是书中赘疣,其实书中的典故、逸闻、民俗等正是观众非常爱听的内容,其中不少甚至是精华,不然何异于比较细致的白话《聊斋》?试想陈氏《聊斋》之所以被广大听者所喜闻,正是其丰富了许多有价值的"书外书"才能获得极高的艺术声望。

何迟同志的遗言,或可为我们将来整理出版其他老艺人的作品,给予了极好的启示。

第五编
南市行业面面观

南市，百余年来是我们天津地面最繁华热闹的地界，它不但是娱乐场所的集中地，所谓“五子”之繁盛冠于津门，更有一些读者难以想象的行业竟然也在此经营。

南市行业有“几多”

天津地面有两大消费区，一为劝业场及周边地带，二为南市地区。既是消费区，各行各业多于此处经营。就南市而言，当年该地行业有“三多”，即“妓院多”“影剧院多”“饭馆多”“浴池多”。

关于妓院之多，前文已有简介，不再谈了。至于影剧院，前文虽有涉及，尚未作较全面之谈，现在稍做统计。据我所知，南市影剧院有上平安、大舞台、庆云、升平、燕乐、丹桂、华林、权乐、聚华、开明、群英、美琪（即人民剧场）、玉壶春、中华、上权仙、上光明，这些影剧院有时演戏，有时演电影。另有几家较大规模茶舍，它们专演评书和长篇鼓书，即东兴市场楼上的永和茶社和昇平（新中国成立后更名黄河，专演评剧）戏院以西的通海茶楼和建物大街的润香茶楼。还有一个什锦斋饭馆楼上的畅春园，这里演过曲艺，也演过评剧。天津解放初，新凤霞还在此演出过，此后可能就到北京天桥演出了。新凤霞本就聪颖好学，到北京后又因多种原因使其艺术和名望层楼更上，终于成为评剧里一杆大旗，但她的艺术之根却在天津南市,这是不容抹杀的事实。

除去影剧院,至于书场茶社多在东兴市场里边,最少也有十几家,每日都能吸引大量观众,尤其是书场茶社,观众可以随来随走,谓之“流水座”。一二十家累计起来的观众更不好统计了,总之每天在南市地区的影剧院,书场茶社全日观众何止万人。

说到饭馆,南市的大馆子确实不少,天津本地饭馆,以“聚合成”为首的“八大成”最为有名,聚合成初建于南市后迁至租界。除去“八大成”,其他大饭馆也不少,如泰华楼、太白楼、天和玉、登瀛楼、同福楼等,都极具规模,多以鲁菜为主,全聚德则以烤鸭为主。另外还有一些“二荤馆”,如什锦斋、文华斋、五福临等就更多了。

而清真馆则以人民剧场旁的鸿宾楼最有名望。家父当年经商,日本投降后,他和一同仁曾到上海,苏州和无锡等地交洽业务。去的时间较长,回家后,为给他们接风,众人曾在鸿宾楼吃了一次饭,为什么我对这次吃饭有印象呢?因为在那次饭局中我第一次喝了两口可口可乐,过去和它虽有过接触,但我不太喜欢,当时吃饭的有一位比我略长几岁的大哥哥,非叫我喝不可,我勉强喝了两口,但终于不太接受此物。鸿宾楼的师父厨艺高超,未几,此店就全员迁至北京了。

但另两家清真馆子即燕春楼和永元德却存在多年,曲艺界有些大事小情多喜於彼处相聚,四十多年前永元德堂倌中有一罗师父,和我们都很熟。永元德的涮肉很好。其实一只羊能涮的部分不是很多,不过后腿磨裆等处肉质较嫩,涮来最为可口,肉片都是手切,不似现在整块羊肉一卷,拿机器一切,吃起来实实难以可口。另外,过去吃涮肉多在秋后冬天,现在三伏天照吃不误,看来人们的饮食习惯也在随着时间的改变而改变。

另外回教馆中增兴德的蒸饺和马家馆的烧卖,也是有口皆碑,那真叫醇香扑鼻,妙不可言,那蒸饺咬一口如果有一滴油落在醋碟中,马上就有一个白油点儿出现,肉馅都是大尾巴肥羊,肉质鲜美肥而不腻,价钱也不贵,地地道道的平民食品。

马家馆本号远在东北,天津是分号就坐落在长虹曲艺厅旁,天津烧麦管不是很多,所以马家馆的业务也一直不错。

至于卖小吃的,则多集中在东兴市场外的小开窪。烧饼爆肚、酱牛肉、炸鸡蛋、切糕、盆糕、炸糕、羊肠子、羊汤、卷圈、药糖,一时也难以数尽,所写都是大致情况。

“丹桂”曾放映医学卫生电影

“丹桂”也为南市较早的影剧院,建于1914年,至今也有百余年矣。丹桂开业以来主要演出曲艺或评戏,20世纪20年代末由平安电影公司职员接管,辛德贵为经理,聘李锡武为副经理。因李早年卖过面茶,绰号面茶李,自他们接管后逐渐改演电影。平安放过的电影由他们再放,开销自然较低。沦陷后放过一部《医检人身》的医学卫生片,内有裸身女人的镜头。当时许多市民文化水平不太高,每天拥挤,场场客满,医学知识未学多少,光看裸体女人了。还有一次上演第二次世界大战实录片,据周恩玉先生说,这部片子是日本潜艇秘密到纳粹德国上岸访问希特勒,返回时德国赠送的,大都是德国战争的镜头。日本海军将此片复印一套拷贝交德国驻华大使馆,天津电影界韦耀卿通过关系将此片弄到天津,在南市“丹桂”和“上平安”同时上映,票价是联币一元,每场客满,两院演出足有月余,赚钱不少。

“丹桂”也经常演出戏剧,我记得约在20世纪40年代中期,尚在少年的我在此处看过一次评剧演员喜彩莲演出的《玉堂春》，同一时期还看过一次在东马路国民戏院由评剧老演员李金顺演出的一场戏，剧目忘了，只记得李金顺已呈老态，年岁似乎不小了。因我看评戏较少，故对此两场戏有所记忆。天津解放后，“丹桂”更名大众剧场，后又定名南市新闻影院。

在“大众剧场”时期，以银达子、韩俊卿为领衔的河北梆子剧团在此曾演出相当长的一个时期，后来才改名新闻影院。

天津最早出现女招待在南市

“女招待”实际就是现在的女服务员，现在看来这是再普通不过的一份工作了，但新中国成立前可不是这样看。早年也有女人出去工作的，但以纱厂为多，商业女服务员都很少。近百年前，北马路中间坐北朝南有一家百货店，名为“华贞女子百货商店”，服务员多为妇女。“女招待”一词最早指影院的女服务员，后来饭馆也有“女招待”了。天津影院最早出现女招待的是 20 世纪 30 年代的下天仙，建于民初，经理赵广顺，即赵燕侠祖父，当年京、津的京剧名角儿都曾在此演出。后经理易人，曾更名新明大戏院，20 世纪 30 年代改演电影，未几，就招募了女招待。很明显，影院的目的是为了多吸引顾客，而社会上又有些拈花惹草之辈。电影一开演，满场皆黑，女招待和某些顾客难免有些越轨之举，不过“小费”收入不菲。一句话，院方、女招待及顾客各取所需即可，故操此职业的女性，很少良家之女。

玉清池的出现极具传奇色彩

南市不过弹丸之地,却有许多澡堂,如中新池、新化池、卫生池、华园、若连南关外九乐天和芦庄子的福仙池算起来足有十几家。

在这众多浴池中首屈一指者,得说是玉清池。玉清池在浴界地位可说在天津拔尊了。只有滨江道的龙泉和清华池可以勉强比肩。

玉清池东家姓祁,在天津鲜货行可推首户,广有钱,老爷子爱洗澡,他洗澡主要是为修脚、捏脚,有一位王师父专门侍候祁老。这天顾客多,王师父给祁老爷子干活时间稍长了,还有些人等着呢,掌柜的就皱着眉催了王师父一句:“你快点儿,没看见今天客人多吗?”这时祁老爷子怕影响人家收入,就说了一句:“掌柜的,别着急,我给俩工钱。”掌柜的一听不高兴了,话也不顺听了:“老爷子,这不是钱不钱的事儿,您老要是打算舒坦,自己盖个塘子多好!”。祁老爷子听完这话没言语,穿衣服就走了。回家路上祁老一想:“我就盖一个。”

祁家是在这种情况下盖的玉清池。讲究,四层楼！一楼有池子,二楼有池子,三楼有客位,洗澡在二楼。60 年代初,楼下两角五澡资,二、三楼三毛五,毛巾等物很干净,厢位也舒坦,那时我们行内不少人都在此洗浴,和服务员也熟识了。

另外还有女部及盆池,总之一切设备超过同行,不得不说的是,今天南市所有旧房全部拆除了,只有玉清池还存在,或可显示出其在南市诸建筑中的特殊地位了。

报人李燃犀其人

李燃犀是当年报界中人，自20世纪20年代即投身新闻界，他入此界是通过其舅，津沽文人戴愚盦先生介绍的。客观地说，李先生虽只高中毕业，但其国学根基深厚，曾任不少小报的编辑，也曾自办《小扬州画报》，但为时不长即告停刊。他对天津市井民俗的知识所知甚多，对天津当地的“混混儿”也详情尽知，曾有《同室操戈》《危机四伏》《李代桃僵》《流云锁月记》等小说出版。20世纪80年代后，曾复出过他的《津门艳迹》，而更具天津民俗特色的《粉红色的三不管》和《老哏正传》却未见再版。

此人才思敏捷，除能写小说，诗文也佳，但其个性放浪形骸。他对戏剧、曲艺，尤其是曲艺可说是爱好极致，过去几乎整日厮混于南市，曲艺界老人儿几乎没有不熟识“李六爷”的。当年曲艺界有些活动，李先生是必为被邀请者。这是我亲耳听他说的。20世纪50年代初，我和南开学友李先生亲表弟戴冠津兄曾到李宅去过一次。冠津乃戴愚盦先生少公子，李先生家住在北门里的一条胡同里，是一个小院儿，正值夏季我们就在当院说起话来。他身体略胖，中等身材，天津人，穿着个汗衫，可能有两天没洗了，是个不修边幅的人。当时他赋闲在家,看情况生活上有些拮据,不过精神挺好,尤其提起曲艺更是滔滔不绝。他臧否演员、评论曲目毫无顾忌,不但熟稔曲艺,还自编相声上台演出。文亨兄说的《王宝钏》就是他创作并首先演出的。他还说:“小蘑菇出师、苏文茂拜师我都在场。”两个来小时他确实谈了不少,但大部分都忘了。临行时他还和冠津兄说了一句:“给舅母带好去吧!”

李先生给自己起了个别号——大梁酒徒。

有一次我和文茂兄聊天,我问他:“您拜师时大梁酒徒去了吗?”文茂兄说:“李六爷能不去吗,甭说我拜师,过去咱们这行有点儿大事小情哪场也离不开他呀!”天津解放后他曾给《天津日报》和《文史资料》写过几篇文章,可惜先生1967年就去世了,如果能活到今天,我相信他可以为天津民俗和史迹留下大量文章,惜哉!

南市报馆何其多

有些事情往往出乎人们想象，比如南市，当年本来是剧场、饭庄、浴池以及娼妓的集中之地，街面上虽也百业杂陈，但终究是人们的大型消费场地。它似乎和“文化”毫不搭界，其实不然，当年天津许多报馆，馆址就在南市。众所周知，百余年来中国文化最发达的两大地区有南方上海，北方北京。但就新闻事业而论，天津却有值得我们骄傲的地方，那就是中国人自己办的第一份报纸即《大公报》是在天津诞生的。它自 1902 年诞生以来，已经有近 120 年的历史，至今仍然存在，且在香港发挥着相当大的舆论力量，为香港的繁荣做着不懈的努力。当年在北方，除北京外，就报业而论，天津可以说位居“榜眼”。

现在就谈谈当年在南市地区存在过的报社。

《天津晨午晚报》

民初，由天津闻人刘孟杨创刊。刘系回民，清末秀才，他是《大公报》第一任主笔，时在 1902 年其妹刘清扬在五四运动中曾为天津女界爱国同志会会长、早期中共党员，并和其夫张申府一同介绍周恩来入党,其兄刘孟扬当年也曾抨击袁世凯,后却和袁达成妥协,从而入仕。但他终究是文人,尤倾力办报,曾办过《商报》《民兴报》,而以《晨午晚报》影响最大。刘还是书法家,著作则有《天津拳匪变化纪事》《注音字母之商榷》《梦影录》等。《晨午晚报》社址在南市广兴大街。

《益世报》

《益世报》是由比利时籍天主教传教士雷鸣远于1915年联合几位天主教友筹办的一份报纸,办报宗旨确有可取之处。如当年法租界当局侵占老西开、袁世凯称帝、张勋复辟等活动,该报均发表社论予以严辞抨击。特别在五四运动期间,彼时该报总编辑为唐梦幻。此人学识渊博、思想进步,他热烈拥护京津两地学生发起的爱国运动和新文化运动,连续著论宣传,主论公正、秉笔直书,深得人心,一时间声望和销路均超过《大公报》。

在这里,特别要提一下周恩来总理。五四运动后周总理赴法勤工俭学,接受了《益世报》的约请为该报撰写海外通讯。从1921年2月1日起送来第一篇通讯,一年间周总理寄来巴黎通讯11篇,欧洲通讯5篇,旅欧通讯11篇,西欧通讯27篇,伦敦通讯2篇,合计56篇,这些文章全盘发表在《益世报》。

这些通讯报道了北洋政府向帝国主义摇尾乞怜、向列强借款的内幕,还详细介绍了社会主义思想在欧洲发展的趋势,为我国革命事业提供了理论根据,产生了良好影响。

1931年当时的总编辑是报界名人刘豁轩,他建议报社改为股份有限公司,股东大部分为天主教徒,改为公司的主要目的是缓解经济压力。

该报的主要特点是总编负全责，有权择定内部人选。如1931年上海“新月派”文人罗隆基因发文批评蒋介石一党专政，大搞独裁统治，被免去大学教授职务，刘豁轩就请其北上专写《益世报》社论，还兼任南开大学政治学教授。另外刘又请来进步人士马彦祥主编期刊《语林》，大量刊登讽刺性杂文，矛头直指国民党政府，撰写者多为文化界名人如老舍、沈从文、张恨水、俞平伯和夏征农等。原来的《游艺》版改名《别墅》，供稿者也多为演艺界名家如田汉、唐槐秋、叶浅予、蔡楚生、沈浮、洪深、张石川和黎锦晖等。

《益世报》自创刊以来，其办报纸内容基本上是正面报道居多，直至日本投降后仍有不少学者如郑天挺、翁独健、费孝通、钱端升、沈从文、朱光潜、梁实秋、齐思和、王聿修等给该报专刊写稿。该报若在大方向上有问题，这些名家是不会为其写稿的。

中华人民共和国成立后《益世报》被定为私人报业，经劳资双方议定无意经营，全部设备由知识书店收购，《益世报》存世三十年左右，在津门新闻史上是年限较长、影响较大的一份报纸。《益世报》的创始地是南市荣业大街。

《评报》

《评报》创始人刘霁岚，河北沧县孟村人，回族，其父刘秉彝精于医道，后又开设中西制药厂，所产成药“保赤一粒金”“濯毒洗血净”“宁坤膏”“仙丹”等，销路极广。津人对此多有所知，因为刘氏在广告投资上花费不菲，笔者少年时经常听广播，那时在无线电各节目中经常有中西制药厂的“保赤一粒金”等广告。刘霁岚财力较厚,那时他还和友人开设育仁堂药店、泰兴银号、同和福染料厂和东天仙戏院(后改名天宝戏院,天津解放后更名民主剧场,在建国道东头)。因广告费开销甚巨,刘乃决定自办报纸,即《评报》。他的报纸除大量刊登广告外,政论性文章也不少,抨击军阀,深得民心。九一八事变后因评论蒋介石不抵抗政策,被当局追究,后经多方斡旋,将《评报》之“评”改为“平”字继续出版。七七事变后刘霁岚不愿意充当日帝宣传喉舌,自动停刊。他和《晨午晚报》刘孟杨、《新天津报》刘髯公俱为津沽报界名人,合称“三刘”。《评报》开业于南市荣业大街。

《国强报》

《国强报》是天津发行比较早的一份四开小型日报,为杨绍林所创。1928 年北伐胜利后,杨的办报思路更加成熟,仍以“副刊”为主,内容多为电影、戏剧之消息兼刊小品、杂文、掌故、游记等。由于其办得内容新、版面活,生活性、知识性兼具,销量一直不衰,其总编沈哀鹏即后来的电影艺术家沈浮。

沈浮本来酷爱电影事业,他在《国强报》任职时,即参加了由“渤海影片公司”拍摄的喜剧片《大皮包》,显示了他的电影艺术才能。但他认为天津的电影事业没有发展前途,就在此时,上海联华电影公司邀请沈浮来拍片,于是沈浮辞掉《国强报》的工作,从此步入了电影业,且事业有成,服务终生。沈浮其名也是入了影界后出现的,不过客观地说,他在《国强报》这几年,各方面都有不少长进,这对日后他在影界的发展是颇有益处的。《国强报》也是在日寇发动“七七事变”后被迫停刊的。社址在南市荣吉街天一坊饭馆隔壁。

《新民意报》

《新民意报》1920年由进步人士马千里先生等人于9月15日创刊，在五四运动的背景下发刊的。马千里制定的编辑方针是：介绍世界新潮，改进社会习惯，国民应有参政权、自由权，普及教育和奖励爱国的执政者。该报报头由书法家孟广慧所写，门口牌匾由周恩来所书。

周恩来的《警厅拘留记》和《检厅日录》从1920年12月4日到转年春连续在该报发表，后来又印成单行本，是我市五四运动的珍贵资料。1923年1月马千里又自编期刊《星火》，在《弁言》里说，“《星火》以‘改造社会为主要目标’”，其实，该刊对当时的黑暗现实也大加挞伐，曾报道过《二七大罢工惨案》，刊登过李大钊《社会主义下的经济组织》和《马克思传》等大量进步文章。

1923年4月间，原“觉悟社”成员邓颖超、谌小岑等决定成立“女星社”，也在《新民意报》上刊发《女星》周刊。当时向该报投稿者有不少名流，如徐志摩、焦菊隐、赵景深和陈大悲等。

特别是周恩来，他在欧洲通信中发表的《德法问题与革命》一文中指出，“帝国主义者为了掠夺经济财富，战争不会停止，而希望只在俄国”；另一篇《西欧的“赤”况》更得出“我们当信共产主义的原理和阶级革命与无产阶级专政两大原则，而实际的手段则当因时制宜”，这岂不是马列主义和中国革命的现实灵活运用的先见之明？

马千里还在列宁逝世后，发表纪念文章《列宁》，并在自记中提到“世界的大英雄去矣”，充分显示出他对马列主义的笃信不疑。

总之《新民意报》在20世纪20年代初，是天津报界最为先进、最能充分代表民意的一份报纸，后来因种种原因于1925年初停刊。

《新民意报》社址也在南市，但具体街巷却不得而知，某些文史资料中只提到社址乃原《新赣报》旧址。至于《新赣报》，我没有查到它的有关资料，曾请教过一些师友也多语焉不详，在此乞教高明，有知其原委者，聆明示。

《中南报》

《中南报》于1930年创刊，社长张幼丹，总编李醒我，是当时比较著名的一份四开小报。它在编辑、排版和印刷方面注重严整、规范，为一般小报仿效。多刊登延聘、求职的消息，另有冬季赈济等活动，这是该报较好的一个阶段。

待等天津沦陷后，张幼丹离社，由李枕流主持。李系台湾人，为日寇特务，该报大肆宣传“中日亲善”“大东亚圣战”等附逆宣传，为正直读者所不齿。

日本投降后张幼丹虽重回报社，只因为他和中统特务王连珂拉上关系，报纸所刊内容多有为蒋政权鼓噪之文，中华人民共和国成立后停刊。该报社地址在荣业大街。

《旭日报》

《旭日报》于1928年秋季创刊，门前牌匾由前总统徐世昌书写，徐确系名书法家，发刊人周芦舫挂此招牌有“拉大旗做虎皮”之意。因为周芦舫(自任社长)系放高利贷出身，多遭人恨，有人劝他莫若出资办一份报纸，当时社会上一般人办报者有势力，可以保身，于是他出资五百元办了一份四开小报。他的办报方针是不忤当局和不惹强者，所有报社人员均无工资，谁拉来广告，可提取50%的收入。稿件来源多摘自其他各大报，改头换面，再加一篇二三百字短评。广告来源也可维持报社人员基本收入，因销路尚可。第一版为实事，第二版为社会新闻，第三版为期刊，有散文、随笔、掌故和游记等小品，第四版为影剧评论、演员报道等。如此坚持五六年，后来《旭日报》渐渐发展成黄色小报，销路锐减。就这样这份小报维持七年，终于停刊。该报社址在南市广兴大街。

《津报》

《津报》创办者是天津20世纪20年代相当活跃的一位记者王墨林，此人颇有雄心，交游也广，在1926年创刊了《津报》，自任社长，李燃犀、徐雅松为编辑，每天发刊对开一大张，以地方新闻为主。李先生确为当年报界名人，但他以编辑小报较为熟稔，对编辑大报不甚擅长，而王墨林的内心打算是想和当时的大报抗衡，但该报既无特色，经济实力也较为困顿，所以办报时间不长即宣告停刊。真可谓昙花一现。该报社址在南市官沟大街。

《亢报》

《亢报》于1935年，由著名小报编辑金必亢创办，故称《亢报》。当时金必亢可称报界全才，他能充当各版编辑，能编辑、能采访、能编报、能写评论，人称报业“多面手”。该报除政治新闻和本市新闻外，偏重报道戏剧和曲艺消息，销路不错，基本能维持开支，既无盈利也无亏损，在经济上“嘴顶嘴”。七七事变后自动停刊。该报社址在南市广兴大街。

《社会日报》

此报于 1935 年由王竹影主编，编辑杨春霖、姚桂忠。此报和别的四开小报所载内容无大异，不外乎要闻、地方新闻、文艺期刊和游艺消息等，无甚特色，销路也差，故王姓社长于沦陷前即宣告停刊。此报社址在南市广兴大街。

《广播日报》

如今，我国的广播事业已经十分发达，莫说大城市，不少县级城市也有了自己的电台，当然，从中央到各省市也都发行了自己的广播报。我国广播事业自肇始不过百余年，近百年前出现了广播电台，但地区不多，只限于京、津、沪等大城市。八九十年前天津已有四家商业广播电台，即仁昌、中华、东方和青年会，经济来源主要依靠广告。那时广播电台之兴衰和当地工商业是否发达关系很大。天津乃北方第一工商城市，广告来源充足，彼时演员播出节目，均为实播，名曰“上电台”。上电台的演员多为艺术水平较高、声望较著者，名演员“上电台”则其名望会层楼更上，经济收入也随之增加，越是名演员广告费越高。中华人民共和国成立前“上电台”者多为曲艺演员，尤以评书、鼓书、相声为多。听前辈讲，那时“上电台”收入最高的相声演员为常宝堃、赵佩茹，评书演员为陈士和，因为他们的听众最多。

当时天津市民家中都有矿石收音机，也有些家庭有一台无线电收音机，听众面极广。在此背景下，袁无为乃于 1936 年创刊《广播日报》。该报在第三版刊登各家电台的节目安排和播出时间，第二版则是戏剧曲艺的演出消息和各演员的照片，较受读者欢迎，销路很好，但天津沦陷后停刊。该报社址在南市广兴大街。

《三津报》

蒋轸庭先生是天津评书界著名老先生，他的授业老师是评书前辈常杰淼先生。驰名书坛的《雍正剑侠图》一书即由常先生编纂而成，成为北方评书和鼓书经常上演的书目。我在前文曾提及，评书演员多为“半路出家”，蒋先生出身茶役，走过无数大小宅门，闲时喜听评书。因所见各类人物较多，通达识务，明晓世俗，故后来从事评书演出时，多穿插对事实之评论，人情之剖析，人物之臧否，给人以相当的社会知识。他把这些东西戏称“菜码”，常说：“都说《包公案》，人物情节基本相同，都是‘捞面’，我这儿为嘛人多？‘菜码’多呀！”当年曾应报社之请，蒋轸庭以“蒋介磊”为笔名连载评书《雍正剑侠图》一书，很受欢迎。

其实，“评书连载”这一专栏肇始于天津的《新天津报》。该报于 1924 年由刘髯公等创办。刘深知津人爱听评书，乃和说书人联系，每天派校对人金危言到演员家中笔记后，再稍加整理后交付编辑，每天刊登 2000 余字，于是该报销量大增。在此背景下，有人建议蒋先生何不自创一份报纸，专载评书，蒋终为所动。但没有经济实力也办不成报，所幸蒋先生每天收入较丰。当时他每天要演出两场，一场总要近三小时。他白天在河北鸟市演完后已经六点左右,晚饭经常不得吃,买俩热烧饼加点酱牛肉坐着三轮再到南市东兴市场上晚场,虽然上座儿率高,但连顿正式饭都很少吃上,由鸟市到南市其实路过蒋家(南门外菜桥子),也没时间家去。有一次我到蒋老家串门,曾问过先生:“您干嘛一天上两场?话过千言不损自伤啊!”他听罢抬手画了半个圈儿:“你说家里这么多口人,就指着我,不玩儿命,连‘嚼谷’儿都混不上。”我点了点头。

蒋老能编纂,后套《剑侠图》就是他的作品。

他的报纸名叫《三津报》,创刊于 1935 年,经理叫赵子杨。赵只是文化水平较高,并无办报经验,故销路很差,一个艺人,赔不起呀,不到一年就停刊了。该报社址在南市荣业大街。

《天声报》

此报创刊于七七事变后,创办人谢天惠是日本大特务土肥原的喽啰,社长吴宁靖也系日特鹰犬,其刊登的主要消息当然是为日寇服务的。该报只有第四版的期刊游艺版有些地方特色,刊登过一些地方掌故、历史资料和行业特点。连载小说刊载过李山野的《红豆思乡记》以及言情小说家刘云若及武侠小说家郑证因的作品。

太平洋战争爆发后该报改出《天声半月刊》,多写戏剧、曲艺特稿,每期封面多有名画家如齐白石、于非闇等人的作品。此报于 1945 年春夏之交停刊。此报社址在南市荣吉大街。

《兴报》

七七事变后,天津大小报大多停刊,教育局局长李泰棻借他和日本人的关系，出刊了《兴报》，自任社长，主编是他侄子李育生。该报一版要闻主要来自日本同盟社的电讯稿，二版是文艺性副刊名《南北极》，三版是影剧、杂文、社会服务和连载小说，四版是社会要闻。后来因人事关系多有矛盾，一年后停刊。《兴报》社址在南市广兴大街。

《河北新闻》

此报创刊于 1946 年初，办报人并非河北省什么机关的负责人，而是天津著名的“红帮”头目，私立育德大学校长姜般若，另一人为黄家花园“大事全赁货铺”经理魏子文，绰号魏小辫。此人是当时天津的活跃分子，参与过不少商家之事，具有一定财力和社会关系。编辑部负责人钱政，为市警察局局员。报社营业负责人贾某是沧县人，与钱政是同乡并有点亲戚关系。报社开业后虽然有了一些销路，但收入大部被贾某侵吞，乃至报社人员领不到工资，几经交涉事无转机，社员遂逐渐离职，致使报纸无法出版，总计出版半年左右。报社编辑部在南市清和大街。

《真善美画报》

《真善美画报》创刊于 1946 年底，社址在南市荣吉街，社长王真，八开两版一张，每日均出，一版是新闻，二版整版报道演艺界近况。当年，不少文艺界名流曾主动向该报供稿，如侯宝林、史文秀（艺名花小宝、天津梅花大鼓名家），京剧演员云燕铭、刘雪涛以及话剧、电影演员蔡冰白、白光、严化和顾也鲁，等等。

当时由于物价飞涨，报纸几度出现难以为继的境况，即便如此，王真尚不失一个正直报人的使命，曾冒着被查封的危险，在本市新闻版头条用初号字标题,揭露了当时天津警备司令部副司令、军统特务头子卢济清的贪污案“卢济清大贪污案,敲诈勒索法币六十亿”。这条爆炸性新闻震动全市,卢济清大怒,准备上诉,未等上诉即被当局押赴南京“国民政府”了。但是由于物价一再飞涨,《真善美画报》还是停刊了,王真也被军统“关注”,最后经过调停,王真忘记了作为一个新闻人的初衷,竟然摧眉折腰于军统当局。军统允许他复刊,只是一切报道唯军统之命是听,报纸上大肆颂扬国民党,诋毁共产党,违背了广大人民群众的心声和意愿。1949 年 1 月 15 日,天津刚解放,该报即被停刊。

上述 15 家报社根据《天津报海钩沉》整理而成,据我所知可能还有报社创刊于南市,只是我手头缺少资料,报界前贤也多去世无从垂询,但这也足以说明在这种地区出现的报社已经不少了。

南市地区之所以出现如此多的报社(当然以小报为主),从我认为,首先是和地域有关。这一地区属华洋交界处,双方都疏于管理,而报纸所刊内容虽当局表面上要求极为严格,但在实际操作中这一地区的管理又可互相推诿,都可以采取不负责任的态度,这就使编报者思想负担较少;其次,当时办报,尤其是小报,对戏剧、曲艺的消息都有较多报道,而南市却是影剧业集中地,报社记者采访演员也较方便;再次,当时南市小印刷厂较多,对小报印刷可以提供很大便利。

后　记

几年前，在一次朋友闲谈中，我忘说了一件什么事，当时《今晚报》副刊主任王振良在座，说：“此事足堪一记，将来或许有些史料价值。”我点头称是，而内心并未着意。近两三年，有些师友相继离世，再看自己，也年逾八旬，夕阳日短乃不争事实。我虽从事艺业六十余年，回首前尘，一事无成。我本愚钝，又复怠惰，有此结果，咎由自取。

我虽碌碌一生，但在六七十年的岁月中，于艺坛上却经过和听过一些老前辈的作为，他们是真正的艺术家。于是振良主任的昔日之言令我萌生了记下一些往事的想法，权作“当年日记”来写，尤其又赶上今天的盛世之年，这也激发了我勉力而为的决心，尽管我身体大不如前，这两年总算断断续续地完成了这个小册子。我深知这个册子算不得什么作品，但也确实动了些脑子，费了些心思，这并非敝帚自珍，而是实事求是。

孙福海先生虽从领导岗位退下，但社会活动还不少，且笔耕不辍，于百忙中为本书赐序，感激由衷。作为责任编辑的韩鹏先生也为此书付出了极大的心血,对书中的结构、内容和语言等多方面都给予了很多指导,颇令我感动。这个小册子以较多的篇幅著写了不少艺界前辈的往事,这些篇幅倘能对我们今天的中青年艺友起到一些启示作用,那就很令我知足了。另外、书中所写,终究是六七十年前的往事了,本人又届暮年,记忆大不如前,故谬误之处在所难免,诚望大家指出,不胜感激。